剣《つるぎ》を打ち直して鋤《すき》とする

すべての命に然り

菊地　譲

日本キリスト教団出版局

序

表題の思い

表題、『剣《つるぎ》を打ち直して鋤《すき》とする――すべての命に然《しか》り』の「剣を打ち直して鋤とする」は、現在における私のあり方を示しているという思いから、畏れ多いが聖書（イザヤ書2章4節）からいただいた。

山谷《さんや》に召され、捨てる命を救ってくださった神に尽くすべく山谷で日雇いをしながらまりや食堂（日雇い労働者及び生活の厳しい人のための低額の食堂、現在は弁当屋）を作ったが、一部の強いグループの攻撃を受け、暴力的にまりや食堂は潰されかけ、私は急遽《きゅうきょ》空手を修業し、彼らの攻撃を受けきった。山谷は当時日雇いの花盛り、生きの良い労働者は時にまりや食堂で暴れた。私は肉体を張り、武闘の中でまりや食堂を守り今日に至った。

今、山谷は老人の街となり、まりや食堂は、今や戦いの「剣」ではなく、「鋤」を必要とする時期に至ったのである。

鋤は戦いの道具ではなく、平和な生活を営む手段だ。鋤で耕し食べ物を作るように、まりや食堂では、ボランティアが鋤となり、労力を惜しまず包丁（鋤）で材料を調理し（耕し）、おいしく安い食事を作り、おじさんたちに提供している。

こうして山谷の厳しい人の下支えとなることを願い走り続けている、まりや食堂にとり今日最も厳しいことは、食事作りのボランティアが不足していることだ。継続してまりや食堂が山谷で活動するためには、山谷で鋤となって食事を作るボランティアがもっと生まれることだ。そのために鋤の力を借りて世の教会をもっともっと開墾していくことが私の仕事だ。

読書礼拝の勧め

今回の本は、山谷兄弟の家伝道所での読書礼拝（毎月第三土曜日一〇時半から）で取り上げたテキスト（本）の中から幾つかを掘り下げたエッセーと、普段から考えていることをまとめた小論文の構成になっている。

読書礼拝はお勧めの礼拝だが、読書礼拝に参加しているある人の感想が、読書会の本質に触れていると思い、要約して紹介する。

私自身も元々、読書が好きなので、課題図書（その月に取り上げた本）を事前に読んだ感想を多くの人と分かち合い、自分の感想だけではなくて、他のメンバーの感想を聞くことで、一人で読んだだけでは気づけなかった本質や視点に出会い、そこから多くのことを学べる。そんな点に魅力を感じたのでした。

私はカトリックの洗礼を受けて、もうすぐ十九年が経とうとしていますが、信仰生活や社会で生きる上でも、大いに活かされていると実感する場面が徐々に増えてきています。著しい変化として表れているのは、家族や友人たちとの会話が自然と多彩なものになったことです。礼拝で取り上げられた課題図書はもちろん、それ以外で気になった本の話題も出るなど、コミュニケーションも幅広いものに変化してきています。何よりも一番の大きな変化は、今まで、自分からは進んで、読まなかった種類の本を手に取って、最後まで読むようになったことでしょうか？

まずは最後まで読み通すという作業を通して、語彙力や読解力、社会に対する視野や関心の裾野を広げ、物事の本質を深く、推察する力が育まれていることに最近、よく気付かされます。それは自分の人生を成熟したものにしていくための大切な財産だと、私は実感しています。

私にとって、読書礼拝は自分自身を知り、人間としての感受性を豊かなものへ養成してくれる場所となっているので、その居場所を大切にしながら、これからも参加していきます。

この人が言っているように読書は大切だ。私たちの読書会で得た感動を私たちだけで所有するのはもったいないと考え、みなさんと分かち合いたいと思うのも今回の本を出したいと願った動機の一つだ。少しは社会を啓蒙したいとも思う。

目次

装丁　松本七重

まなざしの地獄

剣《つるぎ》を打ち直して
鋤《すき》とする
すべての命に然り—

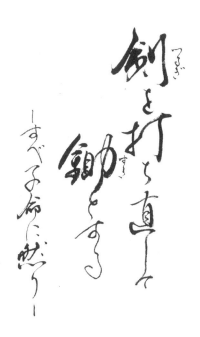

『まなざしの地獄――尽きなく生きることの社会学』（見田宗介、河出書房新社、二〇一七年）を読んで、この本のタイトル「まなざしの地獄」に魅入られた。何ともすごいタイトルだ。

この本では一九六〇年代の終わりにピストル連続殺人犯として世間を騒がせた少年をN・Nという名で表し、少年がそういった事件を起こした動機や背景に言及している。

ごくかいつまんで紹介する。東京へ集団就職。受け入れ先は金の卵として優遇した。それはあくまでヤル気を持った家畜として忍耐強く働く若年労働力たるかぎりにおいてである（21頁）。中学校の時は貧しさを馬鹿にされた。そんなN・Nにとり上京は自己解放を意味した（22頁）。ところが、仕事を些細なことでやめてしまうなど転々としていた。これは社会的存在感の希薄を暗示している（28頁）。ある時は働いている店で、出生地が網走呼人《よびと》番外地となっていることから、それをからかわれる。「網走刑務所の生まれなのか」と母に手紙を書いている（29頁）。顔の傷もからかわれる。

出生地云々を口にした時、都市の他者は、N・Nがまさしくそこから自由であろうとしている過去性によって彼を規定し、彼が生涯どうもがいてもついて回る一片の事実性において、彼の存在の総体をあらかじめピン止めしてしまうのである（31頁）。価値基準に同化しようとしている当の集団から、自分が脱出をはかった家郷を否定的なものとして決定づけられる。

極貧の中で親に捨てられ、やっと生き延びて貧しさによる社会的差別をうけ、都会に出たものの今度は仕事で食べていけるのに存在の飢えがあったのだ。彼は家郷の貧しさと停滞性からの脱出として都会に期待した。だが、都会に来て食べてはいけるが、絶対に満たされないものは社会的差別、自己の社会的アイデンティティの否定だった（51頁）。それを著者は「まなざしの地獄」と指摘している。

「まなざしの地獄」とは、都市の眼差しは具象的な表相性（容姿、服装、持ち物）や、抽象的表相性（出生、学歴、肩書など）において一人の人間のアイデンティティの総体を規定し、予料（あらかじめおしはかる）する。その眼差しに晒された者は、眼差しの囚人《とらわれびと》になってしまう。とりわけその眼差しに

よってアイデンティティの内実を否定的に意味づけられた者にとって、眼差しは地獄だ（108頁）。

人の現在と未来を呪縛するのは、この過去を本人の現在としてまた本人の未来として、執拗にその本人にさしむける他者たちの眼差しであり、他者たちの実践である（38頁）。そういった眼差しが彼の運命を成形していくのである（41頁）。

こういった状況で、N・Nは日本を嫌になり密航を企てピストルを所持する。最初の殺人は、自

分の密航の夢を結果的に遮断する者として現れたので行われた（30頁）。その後逃走しながらN・Nは、彼と同じく体制の弱者であり、犠牲者であるガードマンらを射殺する（66頁）。それは親に対する仕返しのため、世間全般への報復としてでもある（63頁）。

著者は言う。怒りなどの否定性の感情は、存在を乗り越え変革する前提である。だがそれらの感情があまりにも直接的に我々を襲う時に、怒りは我々を単なる状況の否定者にしてしまう（67頁）。以上が大雑把な要約だ。

金の卵として上京したが、この人は右のような状況の中で殺人を犯してしまう。山谷も多くは地方出身者だ。私の知っている人は九州や長野、宮城などだ。中学校を出て東京に就職し、中華屋で仕事をしたなどさまざまな過程を経て山谷に来た人たちだ。体制にあらがうこともできず、産業の一番下を支える。景気の安全弁として社会の中で下積みの生活をし、多くはささやかな楽しみとしてギャンブルやお酒などで心を癒し、今は年を取って生活保護でひっそりと生きている。

「まなざしの地獄」では体制に反抗する仕方が誤ってしまったのだ。私はこの人の評論を評価する立場にはないが、この本を読んだ時、「まなざしの地獄」という文言に強く引き付けられた。それは現実の社会ではそういったことがたくさんあるからだ。

冤罪事件などもやはり「まなざしの地獄」だ。初めからその逮捕した人にレッテルを貼り犯人と決めつけて事件をでっちあげる眼差しなのだ。その眼差しは怖いなと感じる。

ヨブも同じように「まなざしの地獄」でとらえられているのだと思う。ヨブの場合には、友人の眼差しが地獄となる。ヨブを極悪人と規定する眼差しなのだ。ヨブはその眼差しによってピン止めされ、打たれ続けるのだ。

私はこの本からヒントをもらい、今回の本は「眼差し」という視点でさまざまな事柄を切り取って考えてみた。

剣《つるぎ》を打ち直して
鋤《すき》とする
しずく子の命に然り―

コロナ感染症下のまりや食堂と共生

新型コロナ感染症が人類を襲っているので、パンデミックを扱っていたカミュの『ペスト』が今読まれているという。今回の新型コロナ感染症を先取りしたような本だ。医師リウーをはじめ、何人もの人がペストと戦う姿が心を打つ。『ペスト』は二〇一九年に読書礼拝で取り上げた。今も基本的には『ペスト』への考察は変わらないが、新型コロナ感染症の事態が生じ、もっと考えを深めることができるかもしれない。

「ペスト」、「コロナ下のまりや食堂」、「新型コロナ考」という三つのテーマでこの感染症を考えてみた。

1　リウーの眼差し

『ペスト』（カミュ、新潮文庫）の主人公リウーの思いを綴《つづ》る。

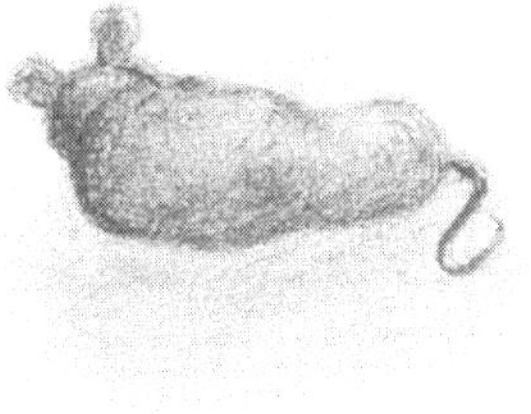

医師リウーは階段のところで一匹の死んだ鼠《ねずみ》につまずいた。医師が最初の鼠と出会った、その月の末には六千匹もの鼠の死骸が焼却されるにいたる。

ペストが蔓延して街は閉鎖され、他都市との交通は遮断された。死者が一週間で三百人くらいになっても、まだ人々は楽観的だった。ただ食糧やガソリンの販売は制限された。事務所が閉鎖されたので、映画を見たり、酒場へ行くなどまだまだ皆呑気だった。

しかし、流行性の熱病と診断されると死ぬか全快しないと病院から出られない。だから、患者と診断された場合、その患者を収容するのが大変だ。完全隔離で家族ともう会えなくなるから、家族は患者を渡そうとしない。それで警察が来て強制的に収容しようとして、大変なもめごとの繰り返しだ。

この疲労困憊《こんぱい》の数週間後、リウーはもう同情の念が無くなったことを悟った。同情が無駄な場合、人は同情にも疲れてしまうのだ。次から次へと患者さんが死亡するから、同情の扉が徐々に閉ざされていき、もう同情の念を抑えなくてもよいのだった。一週間で三百人もの死者が出れば、もうそういった感覚になってくるのだ。あまりにも死者が多いので、もう同情の気持ちもこみ上げず、医師としての務めを黙々と果たしていくのだろう。ペストの場合は特にそうなのだ。次々死んでいく激しさに、一々個人の感情を持っていたらやれないのだろう。

フランスはカトリックの国だ。街では時折神父の説教がある。今回はパヌルー神父だ。説教で、いきなり「皆さん、あなたがたは禍《わざわ》いのなかにいます。皆さん、それは当然の報いなのであります」と切り出す。ペストは神から出た懲罰だ。神は人々が一生懸命に神を愛することを望んでいた。しかし、人々は気楽な生活をしていた。神は人々の悔悛を待ち続けたが、うみ疲れて目を背けてしまい、人々はペストの奈落へと落ちていったと指摘する。神の災禍は心驕《おご》る者を足元にひざまずかせた。善の天使が悪の天使を指図してペストをばらまいていると述べ、ペストは神の業《わざ》だと強調する。

私はこれを読んだ時、ヨブ記を思い出した。ヨブ記の登場人物の思想は因果応報だ。神の戒めを守れば幸いが来る、守らなければ懲罰が来るという考えだ。創世記1章1節に、「初めに、神は天地を創造された」とある。すべては神の創られたもので、我々は皆被造物であり、神支配の因果応報の世界にいるのだ、とパヌルー神父も考えていたのだろう。

ペスト前線の広がりで、リウーの友達、タルーが志願して保健隊を作る。保健隊はペストに感染する可能性がある、危険な仕事なので皆事前に血清を打って予防したが、今回のペストは、どうも今までのペストとは違うらしい。それに血清の到着が遅れたのも蔓延の理由だと書いてある。

作業中、リウーとタルーの間で、パヌルー神父の説教が話題になった時、集団懲罰の意味とか、人々の反省をうながすために悲惨の優れた点を言うよりも、まず手当てが必要だ、とリウーは行動を重視する。自分は神を信じていないが、暗夜の中ではっきり見極めようと日々努力している。全能の神を信じるなら治療の努力はいらないだろうけれども、神父もそこまでは信じていないのだろう。やはり、あるがままの被造世界と戦うことが真理への道だと、リウーは強調する。

これは重要なことだ。確かにこの世界は創られたものだが、そこにある現実の世界の悲惨さと闘うことが、それが真理への道なのだ。多分、カミュはこういう考えで世界と向き合っていたのだと思う。

その悲惨さと戦うためには傲慢《ごうまん》さが必要だとリウーは言う。その意味は多分今、神の懲罰が来ているから反省しなければいけないと考えるより、まず治療して患者を治そうとする傲慢さが必要だ。まず治して、それから反省すればいいではないか。今はペストで死んでいく人々を守るだけ、それだけで良いのだ。なかなか凄いことを言う。難しい病気でも、それに打ち込んで、医学の力と自分の技量で治そうとする傲慢さがいるのだと言うのだろう。

もうペストで一日に何百人も死んでいく。リウーは傲慢に立ち向かうが、毎日続くのは敗北だと嘆く。それは私たちにも言えることで、永伊さん（山谷のおじさん、仮名）の場合（本書114頁参照）でもいくらやってもうまくいかなくて、やはり敗北だなと感じる。夜など徘徊《はいかい》するので、私たちはもう限界で、二十四時間見てくれるようなところへ移さなければならない。

打ち続く敗北の手助けのため、タルーの作った保健隊に他の都市から来たランベールという新聞記者もボランティアになる。

この新聞記者ランベールはフランスにいる恋人に会いたくて、この街から脱出を意図していたが、うまくいかず、街に残ることにしたのだ。自分だけがしあわせになることは恥ずべきことだと考えたのだ。街とは無縁と思っていたが、見てしまった今、街の人間になってしまい、この事件はみんなに関係するのだ、と考えたのだ。

リウーはランベールの決意に、自分の心情を吐露する。愛から離れさせる値打ちの物は何もない。でも自分もここにいなければならない理由もわからずにいる。人間は同時に治療したりわかったりはできないのだ。急を要する治療がまず優先だ。これがカミュの思想なのだろう。今そこに急を要することがあれば、まずはそれにかかわることから始める。理屈じゃない。ランベールの言うことも、同じ論理だ。彼は見てしまったのだ。これを一般ではヒューマニズムと言っていることだ。私は若い頃山谷を見てしまったのだ。ドヤ街で遊ぶ子供たちの声を聞いてしまったのだ。

リウーがペストに一生懸命取り組むのはヒロイズムでなくて誠実さだ。彼にとって誠実とは自分の職責を果たすことだ。「誠実」とは良い言葉だ。山谷における私たちの働きもまったく同じだ。お弁当を提供するのにできるだけ安く、おいしく、気を遣って作る。これも誠実さが必要なのだ。私は聖書を見ていて、「狭い門から入れ」が誠実と結びついた。狭い門から入るというのは極めて抽象的だが、具体的にはこのリウーの誠実さだと思う。極めて禁欲的な、ペストに対する強い戦いの姿だ。これこそ狭き門から入ることだ。私にとっては、神に与えられた使命（山谷への伝道）を最後までやり続けることが神への誠実さだと思う。

八月になってペストが一切を覆い尽くし、毎日大勢の人が亡くなるので棺《ひつぎ》が足らなくなり、棺に入れお墓へは運ぶが、そこで遺体だけ出して墓穴へ入れる。それも大きい墓穴を掘り、そこへ何人も入れるというすさまじい情景だ。

リウーの個人的なことでは、奥さんの病状は芳しくない。遠くで療養しているので、励ましや慰めのために行くこともできないでいる。

十一月に新しい血清ができた。リウーは疲労していた。彼は今治療するためではなく、ペストと宣告するために、命を守るためではなく隔離するために控えている。ペストが蔓延してから、彼は兵士を連れて家を訪れ、強制的に患者を連行するので、彼らの憎悪の真っただ中にいた。人情がないのかと罵倒される。彼にも人情はある、それは死んでいく人を見守る毎日の二十時間に役立つだけで、人は助けられない。死者が続出する恐怖の中では人間らしい職務などないのだ。誠実なリウーが死者の続出を食い止める手段として、非人情な誠実な行為が必要なのだ。疲労の中でリウーは戦うのだ。

リウーをここまで駆り立てる動機には貧乏があったのだろう。物語の前の方で医師になった動機を聞かれ一言「貧乏だったから」と答えている。多分、貧乏のために病気でも医師にもかかれなかったのかもしれない。お金がなくて医師が診てくれなかったのだろう。リウーは誰をも診る医師になり、健康を考える医師になったのだろう。貧困をなくす政治運動にはかかわらなかったのだ。

やっとできた新しい血清を試した少年は長く苦しみ抜き死ぬ。少年がペストでむごたらしく死んでいく様子を、介護のリウーやパヌルー神父が看取る。無垢なこの子供の死をリウーは激しく憤る。それに対してパヌルー神父は、ペストの状況は我々の尺度をこえたものだ、自分たちに理解できないことを愛さねばならない（322頁）、と。

リウーは子供が責めさいなまれるように作られた、こんな世界を愛することなどはできない（322頁）、人類の救済などと大げさなことではなく、人間が健康であるべきだ、と死と不幸を憎んでいる医師なのだ。人間は知恵を授かっているのだから、それを武器にして人間が幸福になるように日々の現場で働き、あるいは政治を変えていかなくてはならないと私は思う。

リウーに対してパヌルー神父は、神が望みたもうゆえにそれを望まねばならぬ。キリスト者は神の意志に――それが不可解でも――「あれは理解できる。しかし、これは受けいれることができない」とは言えない（333―334頁）、と。

彼は、神が望むことを理解しようとペスト保健隊の最前線で奉仕し、感染して死ぬ。懸命な奉仕なのに神の意思は不可解なのだ。それでもパヌルー神父には、この自分へのペストは神の望みであるゆえに、そこに身を委ねることが恩寵であり、恵みなのだろう。なぜなら前線で奉仕する神の僕を打つほどに神は不可解な方であるからだ。このようにして前線に身を晒し、彼なりに神を思い、必死に神と格闘して殉じていったのだ。江戸前期のキリスト教弾圧で殉教した信徒や宣教師にも同じような葛藤があったに違いない。

私が日雇いの現場にいた時に労災死などがたまにあった。私がそれに遭遇しても、それはやはり神の恵みだろうと感じている。神のためにしておれば、そうした死もありうるからだ。現場で大けがをしたことはあったが、幸い命を失わずに済んだ。

ペストは突然退潮した。

ペストというやつは抽象のように単調だと、リウーは言っている。この突然の消滅も単調を表している。彼にはペストのあだ名は抽象なのだろう。あまりにその病気が激烈で、感染すれば多くは死に、手のほどこす部分が少なく、暴力的で、物理的に隔離しかないのだ。極めて単調なのだ。

ペストの患者の病状は極めて具体的に描かれているが、それにかかわる発言の内容はほとんどがペストに触発された抽象だ。人間の知性とか、生き方とか神の裁きとかさまざまに抽象的議論が展開されている。それが物語の中心だ。

もう救急車のサイレンが鳴らない夜だ。夜にはたくさんの人が外に出た。そういった中でタルーは前線の忙しさの中で、血清注射を一度抜かしてペストに感染し、ペストの最後の攻撃を受け死んでいく。その死はリウーにとっては戦いの夜ではなくて、沈黙の夜であった。ペストとの戦いの後に続く敗北の沈黙である。街は勝利したが、最愛の友人をペストで失ったリウーには敗北なのだ。その思いを、息子をもぎ取られた母に休戦など存在しない、友の死体をうずめた男にとって休戦などは存在しないのだ、と述べて、リウーも決定的な敗北を味わっているのだった（429頁）。

その敗北をこうとも言っている。戦争を終わらせ、そして平和そのものに不治の苦痛たらしめるところの敗北を感じる、と。それは、平和が戻ったからよいのだが、平和だから喜んでいいのだが、そのすばらしい平和が来ても平和のなかで、友を助けられなかった無念さに激しい敗北を感じているのだ、というリウーの思いが伝わる。

彼は実存主義者なのだ。街が助かった。でも、大切な友人を助けられなかったのは敗北なのだ。一人の人はすべてと同じなのだ。

タルーは勝負に負けた。でも自分、リウーは何を勝負で得たろうか。彼が勝ち得たのはただペストを知ったこと、それを思い出すこと、友情を知ったこと、それを思い出すこと。ペストと生との賭けでおよそ人間が勝ちうることのできたものは知識と記憶であった、とリウーは言う（431頁）。確かに、ペストとの戦いの知識、悲惨な記憶、勝利の記憶、友情の記憶、敗北の記憶、カミュはその事実だけだとしか言わない。

この知識と記憶は世界のあらゆる出来事に普遍的だ。アウシュビッツの知識と、悲惨な記憶、人間の地獄のような悲惨さの記憶。悲惨な過去の知識と記憶が今生かされているかどうか。日本では多くの犠牲者を出した戦争の記憶が、広島、長崎の記憶が生かされているかどうか。そして世界では今まで記憶にあった事柄がさまざまに再発している。

リウーにとっては友情の記憶が一番だった。タルーは聖者の徳を求めてペストの撲滅の戦いに入り、死んでいった。リウーの心に残る知識はタルーのがっちりした面影、生の面影、死の面影だ。これが

ペストとの戦いで勝ち得た知識なのだ。なぜこれが「記憶」ではなく「知識」なのだろうか。多分、それはどんな友情でも、頑健な体でも油断すればたちまち死に引き渡されてしまうという知識なのだろう。電報で妻の死を知る。ペストと戦い、多くの命を救ってきたが、妻を救うことはできなかった。タルーも救うことができなかった。これは人間の無力でもあるが、人間には知識と記憶があるのだ。

　ペストの終息で街の門は開かれるが、肉親を失った人にはペストは続いていた。街では人々は踊っていた。踊ることによって、恐ろしい殺戮《さつりく》のペストと次の死の順番を待っていたことを民衆は否定し、そういった悲惨な記憶を忘却し記憶から締め出すのだった。リウーの心は重い。誠実に戦ったペストは終息したが、彼の知識と記憶の中にはタルーと妻がいるからだ。

　患者の家へ急ぐリウーも途中から、解放感に浸り踊り歩く市民と一つになるのだった。この「リウーが市民と一つになる」とは、リウーには知識と記憶は残ったが、医師として誠意を尽くしたリウーも市民の一人でしかなく、そこには英雄は誰もいないのだと言っているように私には感じられる。

リウーのこの生き方、他にパヌルー神父、ランベール、タルーなどさまざまな生き方があるが、それぞれが自分の個人の生き方を模索して、死にあるいは生き残ったのだ。リウーも友を失ったが、生き残り、知識と記憶を守りながら人生を歩んでいくのだ。この物語の登場人物に、私たち一人一人を入れてもおかしくはないと思う。人は、リウーが抽象と表現したようなさまざまな抽象（得体の知れない、人間を不幸にする事柄、出来事、病気）の世界の中で、それぞれが生き方を決めて歩んでいかなくてはならないのだ。街は浮かれているが、その時も職務を遂行するため、リウーは患者の家に向かっていた。

リウーは知っていた。ペストは終息したのではない。ただ眠っているだけだ。ペストは人間に不幸と警告をもたらすため再び来るだろうと予告している。

この言葉は非常に不気味だ。現代のペストは何だろうか。ペストのような単調な、激しい災害や多くの死をもたらす不幸が来るかもしれない。強欲資本主義か。イスラム過激派か。そしてそれらに対してリウーのように誠実に向き合うことが期待されている。カミュは、そこに決定的な勝利の記録がありえないことを知っていると言う。これは辛辣な言葉で、人間社会の現実を確実に捉えている。人類の経験した凄惨な第二次世界大戦が終結しても、今日まで戦争の火種の絶えないことからだけでもこの言葉の真実性が明らかだ。

2　コロナ下のまりや食堂

（※本稿は二〇二〇年三月〜九月にかけて執筆したものである。）

二〇二〇年三月二五日に急遽《きゅうきょ》まりや食堂を閉鎖した。それはE病院で新型コロナ感染症の院内感染者が急増したからだ。この病院は上野にあり、私たちが知っている山谷の人も通院や入院する病院だ。その入院患者や看護師が感染し、何人かは亡くなったとニュースが報じた。そうした状況なので、山谷の真ん中にあるまりや食堂も予防を講じることにした。

この時期行政から自粛要請が出たこともあり、まりや食堂はボランティア、職員を守るため五月の連休明けまで閉鎖した。私は車で通勤するので感染をさせることも、することも少ないからまりや食堂へ出勤している。朝来ると、時におじさんに会うが、たいがいマスクを着用して用心している。まりや食堂の張り紙を見て「しょうがないなー」と私に言ってくださる方が、幾人もいた。こういったご時世だから閉店に苦情を言う人がいなかったことはありがたい。

今日本全国が、家庭において、あるいはお勤めにおいてそれぞれ大変な状況にあるだろう。私たちはこの状況に強く耐えて、この病気を撃退する必要がある。感染予防に努め、企業はそれぞれ創意工夫して収入の減少に耐えなくてはならない。

今、地球は一つだと感じる。各国は創意工夫して対策を練り実行しているが、日本は他の国の効果的方法を取り入れて行動していると報道は伝えている。日本では死者も少ないのは医学の力だと思う。外国よりも感染者の数が少ないのはチェックの方法の違いからだそうだ。この方法でも抑え込みができるなら、日本は日本の方法でよいだろうと思う。いずれにしても今が頑張りどころだ。

日本の薬が重症者に効果的だと報じていた。世界は大いにそれを利用して死者を少なくしてもらいたい。この病気の怖いところは、突如劇症化し死に至ることだ。重症になるのはある種の持病のある人とか、老人に多いという。私なども老人の一人だから感染すると危険だろう。またいつどこでかかるかもわからないから、生活上の用心はしているが、ある程度は覚悟しながら日々を過ごしている。皆様もくれぐれも用心してくださるようにお願いする。

時々まりや食堂をのぞきに来るおじさんがいるから、早く開きたいとは思う。だが、感染者が出れば、まりや食堂は完全に閉鎖しなければならないから、ここが辛抱のしどころだろう。おじさんたち

は近所のスーパーや、コンビニなどで弁当を買うしかない。私もまりや食堂の閉鎖中は買っていた。本当にまずく、しかも結構高い。まりや食堂の弁当は本当に良いなと、こうして一か月以上休んでいるとつくづく思う。私は試食と称して必ずまりや食堂の前日の弁当を食べるようにしているので、まりや弁当の旨さを承知しているのだ。

　四月末になるとおじさんたちは焦《じ》れてくる。「まだやらないの」。私が来ているからやれるじゃないかという感じだ。「ボランティアは電車で来るの、感染の危険があるからまだ来られないの」と理由を説明すると、納得してくれる。

　休んでいるが、東京都感染拡大防止協力金はもらえなかった。飲食店は八時まで短縮するように要請され、酒の提供は七時までだ。まりや食堂は夕方から六時半までなので該当しないのだ。閉鎖して感染拡大防止に協力しているのにと少し不満だった。

政府の発表で持続化給付金という制度が立ち上がった。これは会社なり個人事業者が前年と今年の同月の収入を比較し、今年の収入が減少した時には一定の方法で援助するという制度だ。まりや食堂は四月全面休業、五月も大部分を休業とした。その制度によって援助が期待されるので、掲載されているウェブサイトでチェックした。

気がかりなのは、宗教上の組織もしくは団体は給付対象外と規定されていることだ。まりや食堂は、形態は有限会社で、今回のコロナ禍で間違いなく収入がひどく減ったが、支える会が資金面で援助しているので純粋の利益を求める商業会社ではない。しかも税務署に提出の申告書の職種にはキリスト教慈善飲食店と明記されている。形は俗、内容は宗教なのだ。この形態は、三十数年前にいろいろな経緯があってそのような世俗的組織にしたのだ。

まりや食堂は世間並とはいかなくても、毎月販売によって収入を得ている。今回のコロナ騒ぎのために四月はゼロ、五月もほぼそうだった。それらはコロナ蔓延を少しでも防ぐために休業の方法で協力したのだから、それ相応に援助をしてもらいたいと思う。

確認のために持続化給付金受付事務所へ問い合わせの電話をしたが常に話し中だ。八時三〇分から受付開始なのだが、時間きっかりに電話をしても繋がらないことは何度も経験した。多分朝一から電話が殺到するのだろう。でも朝一の方が繋がる可能性が高いと思い、私もそうしている。一計を案じ、四度目は、正確を期すためにネットに時刻を表示し、それとにらめっこしながら八時二九分五九秒を刻んだ時に、スマホに入力してある電話番号をプッシュした。

うまく滑り込めた。「回線が混んでいるので少したってからおかけなおしください」というおなじみのメッセージでなくて、若くて元気の良いオペレーターが用件を尋ねてくれた。該当する可能性があるので必要な書類を用意しメールで提出した。

まりや食堂は、政府の緊急事態の延長を受けて五月二日に閉鎖延長の張り紙をした。ただ、感染者が減少に転じているので五月二六日から再開することにした。ボランティアは新型コロナ感染症の怖さを認識しているから集まりが悪い。とりあえず、専従者、伝道所メンバー、半専従者、協力者によって三日間をのり弁と玉子焼き弁当で再開することにする。

店の構えは一般のスーパーのように、レジと出し口にビニールの垂れ幕をし、フェイスシールドを顔面につけ、マスク、手袋をし、窓を開け、換気扇を回すのだ。大変な段取りだが、どこにウイルスが潜んでいるかわからない。その上人間を宿主としているから、誰かの体内にいるので何とも不気味で怖い。3密を避けるのが感染の予防法だから、できるだけこの方法で用心していくしかないだろう。

今まで一日百人近い人が弁当を買ってくださっていた。このように山谷の厳しい状況の中で安い弁当を期待している人たちのために、ある程度は感染を覚悟して営業しなくてはならないだろう。

久々の開店日、既に時間前に並んでいる。「一メーターおきに並ぶように」などと余計なことは言えないから、山谷の状況に従って淡々と販売した。五十名が来た。ありがたいことだ。大盛りが多かった。来週からはお腹に溜まる肉料理が少しでも出せたらよいのだが。

おじさんたちは世間の状況を良く知っていて、タイミングよく政府の自粛要請解禁の日とまりや食堂の再開の日が一致したので、「開けることができて良かったね」と私たちの労をねぎらってくださったのだ。店を閉めてからはしっかり手を洗い、消毒し、うがいをした。こういった行動は当分の間続くのだろう。

新型コロナ感染症の騒然たる世間の片隅で、一匹のワンちゃんが死んだ。名は勇太、あだ名は「いっぽ」。この名の由来は具合が悪くて散歩（三歩）しなくなったので名付けた、私の愛犬だ。

六月。ボランティアがまだあまり集まらない。来てくださる方だけでやりくりして、できる弁当を提供するようにしている。単品は少なく、おさかな弁当も少しだけにする。六月の最初の一週間は客が少なかった。多い時で六十五名ほどだ。二か月間の閉鎖で、お客は散っていったのだろう。まずは内容を少しずつ充実して継続していく中で、客を呼び戻すことができるだろうと楽観している。ボランティアの集まり具合には悲観的だ。自粛解禁になってから感染症の第二波が来つつあるからだ。これでは危険でできるだけ外出は避けるだろう。

六月の第二週も客足は弱い。去った人を取り戻す作戦として、まだ営業再開をしていないと考えている人のために、朝からシャッターは開け、メニューの看板も早々に出して再開していることをアッピールしている。東京ではまだ三十人ぐらいの感染者が毎日出ている。

吉報としては、持続化給付金が出たことだ（二〇二〇年六月一八日通帳で確認）。満額の二百万円がいただけた。感謝だ。四月、五月は売り上げゼロ。六月以降も客が少なく、専従者などにも十分な報酬をあげられないままだった。この給付金で少しはカバーできると思う。ただ新型コロナ感染症はまだ一年以上は続くだろうから、このお金は大事に使わなくてはならない。

六月中旬からある程度普通に弁当屋を始めた。相変わらず、ボランティアの集まりが弱く、品数を限定して出した。どうもお客の分散でまりや食堂への吸収力が弱ってしまったのかもしれない。ボランティアは新型コロナ感染症がある程度収束しなければ戻ることは期待できないだろう。

七月に入り、自粛規制の解禁で感染者が増え、七月一〇日は一日当たり最高の二百二十人を突破した。その影響で、あるグループの担当している曜日の全員が欠席。その日の仕込みはゼロ人となり、参加できるボランティアで四苦八苦して何とか弁当を提供している。このまま感染拡大が続けばどうなるか。場合によっては、ボランティアが来られないために、まりや食堂は再び閉鎖かもしれない。

お弁当を買いに来る山谷の客人もなかなかシブいのだ。七十人ほど来てよかったと思っていると、活発な梅雨前線で時折出足が落ちる。買いに来るおじさんはほぼみなマスクを着用しているが、していない人には弁当と一緒に提供している。その中には「アベノマスク」が結構ある。それをあげると、どんないわれのマスクかちゃんと知っているのだ。

七月下旬、まだ梅雨のせいか、客足は少ない。五十人から六十人だ。早く梅雨が上がってほしいと願っている。感染者が増えてきたので、ボランティアのやりくりが大変だ。もしボランティアが少なくなればもう一日削ってでも、閉鎖はしないで開店を維持していきたいと気持ちを切り替えている。

八月。東京は感染者が五百人に近い。その数が増えれば反比例してボランティアが減少する。遅まきながら都が飲食店の営業時間の短縮を再要請した。まりや食堂ではまた一人、家族の反対でボランティアが来られなくなった。梅雨は明けたが、日本は暗い気持ちに覆われている。

八月一三日は仕込みのボランティアは一名だけだ。「これではもうやれないから休もうかな」などと、気持ちがいじけていると、窓口から「お盆の休みは?」と聞かれ、「一四日一日だけ」と答える。夕方の開店を待っている最初の十人ぐらいはまりや食堂の最大のファンで、まりや食堂が休まれたら困るので、休みの具合を聞くのだ。こういう人たちのいることはとてもありがたいことで、安易に店を休むことはできないなと元気をもらう。

八月半ば、客が九十人近く来て、前の状態に戻りつつあるのはありがたい。ただボランティアが仕込みも販売も少ないのでちょっと苦しい感じだ。何とかしのいでいきたい。

そういった中で、参加してくださっているボランティアには感謝でいっぱいだ。くれぐれも用心するように言って、労をねぎらっている。感染するかもしれない中で、年配者は極端に言えば命をかけて来てくださる。本気の隣人愛だ。

まだ、お休みの方々は本人の意志や家族の反対だ。どうぞ十分お休みしていただき、状況が好転したらまたお会いすることを楽しみにしている。

鎌倉在住のボランティアが何か月ぶりかで来た。「鎌倉は日に感染者が一人。東京二百人、怖い」とつぶやく。その人は八十歳。

九月。百名ほどの人が買いに来る。閉鎖前でもこういった日が続くことはめったになかった。多分、コロナ感染症の影響で、山谷及び周辺の非正規労働者の仕事が減り、まりや食堂の安い弁当を利用する人が増えたのではないかと思っている。

3 新型コロナ考

新型コロナ感染症が発生してからの状況をカミュの『ペスト』と比較しながら感染症にかかわる人々の生き方を考察する。先の「リウーの眼差し」と若干重複するのを許していただきたい。

人類が歩む途上で三つの課題がある、それは飢餓、戦争、病気だと言われてきた。人類は残念ながらこの三つの課題を乗り越えることはまだできないでいる。人類史は飢餓と戦争と病気という三大課題と戦う歴史であったと言える。それは現代まで続いている。今飢えは日本人にはあまりピンと来ないかもしれないが、アジア、アフリカでは現代においてもひどい飢えの問題があるのだ。日本でもシングルマザーなど大変な人たちもいるが、生活保護などの最低の支えはある程度ある。

食糧は自然の影響を強く受けるから自然の条件によっては凶作となり飢えることになるのだ。日本でも江戸時代などでは凶作で多くの人が亡くなっている。旧約聖書の創世記の物語でも、ヨセフの活躍したエジプト時代に大変な飢饉が起きたとある。これなど決してフィクションではないだろう。古代においては、食糧生産はもろに天候に左右されるから常にありうることだ。

戦争、内戦は政治の問題だから、感染症のようにはいかない。つまり政治とは人間の問題だ。感染症のように生物が増殖して広がるものではなく、まったく人為的な事柄だ。有史以来戦争や内戦は感染症と同時進行形に針を進めている。

政治は欲望だ。政治は常に利害が絡み、互いに欲望がぶつかり合い、取り合い、力の強いものが勝ち、一定のバランスを作るが、力が拮抗していると内戦だ。なんとも人間とは感染症のウイルスなどの生物に比べてもまことに厄介な生き物だ。有史以来これら三つの戦いが続けられている。

ここではこの三つの課題の中から、医師リウーが予言したとおり今回再び世界を揺るがし、世界を席巻している新型コロナ感染症について考えてみたい。

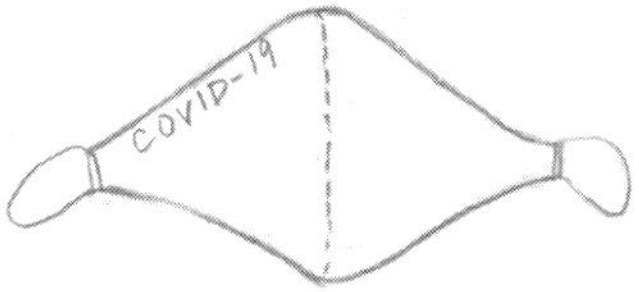

〈マスク〉

人類はたいがいの病気をある程度克服してきた。その中で癌は一番手ごわい。感染症の天然痘やエボラ出血熱、エイズなども克服している。過去の大流行としては、ペストでヨーロッパ人口の三分の一が、スペイン風邪では世界で五千万人から一億の人が死亡したと言われる。この両方の感染症ははっきりしないままで終息した。

今回再び人間にとり厄介な新型コロナ感染症が発生した。基礎疾患のある人と老人が劇症化する可能性が高い。その重症者の何パーセントかは死亡する。私も年寄りだから怖い病気だと思っている。インフルエンザよりも致死率は高いとのことだ。お笑いタレントで有名な人が七十歳でこの病気であっという間に亡くなり、改めてこの病気の怖さを誰もが認識した。

飛沫による感染や濃厚接触で感染することはわかっているが、いくら注意しても、孤島の一人暮らしでもしなくては、感染のリスクは常にある。場合によっては、重症化して死ぬことも覚悟しておかなくてはならない。電話で「お互いに年だから感染しないように気をつけましょう」が挨拶《あいさつ》となってしまった。

人間の問題

外出自粛などで、まりや食堂がボランティアの確保に四苦八苦している最中、医師や看護師が感染して死亡するなど医療現場の厳しさを思う。まさに戦闘現場さながらの状態だと思う。重症者には医師や看護師四人が必要などと大変な病気だ。亡くなった場合でも縁者が付き添えないなどその感染力がものすごい。もともと医師は尊敬される職業だが、今回は医師であることが強いリスクを持つゆえに、これほど尊敬されるべき職業はないだろうと感じている。極端に言えば、死のリスクを抱えながら医療現場で戦っているのだ。それなのに医師の家族が感染症を広げる可能性があるとして差別されるようなことまで起きていた。今回の感染症の治療薬がまだ開発されていないこと、ワクチンがないこと、この病気の特徴がまだはっきりしないこともあって、多くの人がこの感染症を恐れている。そういった恐れから心無い人によって排除や差別が生じているのだろう。

この得体の知れない病気に関係している人が自分の近所に住んでいることは、確かに少し居心地が悪いかもしれない。だが、誰でもかかるリスクがあることを考えれば、医師や看護師や現場で働く尊い働きに対する排除の行動は徹底的な自己中心としか言えない。これら医療関係者がいなくては病気に対する戦いはできないし、また危険を冒して患者に対応しているのだから応援することはあっても、排除することがあってはならない。

『ペスト』では医師リウーはどんどん死んでいくペスト患者に対して際限なく続く敗北だ（188頁）、と嘆きながら誠実にこの病気に向かい合っているのだ。前線で戦っていた保健隊の友人はペストの終焉間近い頃ペストにかかり死亡する。同じく神父も。神父は宗教者として神の望むままに生きるべくペストの現場に身を置き、殉じていったのだ。『ペスト』における現場のように、この新型コロナ感染症の現場で多くの医師はこのリウーと同じように誠意をもって現場で戦っているのだ。

差別や排除が生じるのは検疫政策という規律が問題だ、と政治学者の杉田敦は言う。

「検疫政策は社会の中に分断をもたらす。地域や職種、人種、年齢、性別などでプロファイリング＊し、より危険と思われる部分との接触を私たちは絶とうとする。欧米では東洋人差別が横行し、日本でも東京のような汚染地域から移動してきた人々への差別が深刻な問題となった。販売員や配達員のように人との接触を伴う業種の人々や、治療のため医療サービスを提供する医療従事者らへの差別さえ見られた。規律権力は政府が上から押し付けるものというよりも、人々の間から、いわば下から湧き上がってくるというのが、フーコーの洞察であったが、今回の事態でも自粛警察と呼ばれるような自警団的存在が権力の主たる担い手となった」と杉田は指摘している（村上陽一郎編『コロナ後の世界を生きる――私たちの提言』岩波新書、二〇二〇年、253頁要約）。（＊菊地注：プロファイリングとはある人物の個人情報や過去の行動を分析し、今後の行動などを推測すること）

検疫とは「伝染病を予防するため、その有無につき診断・検案し、伝染病の場合には消毒・隔離などを行い、個人の自由を制限する行政処分」（広辞苑）のことだが、新型コロナ感染症の場合はそこで感染者とそうでない者を区分する場合に、この病気に対する恐れから自分たちだけが安全地域にいたいという排除の論理がそこにあるのだろう。この地域はまだ汚染されていないから感染者に来てもらっては困る、また接触した人や医療従事者など、あるいは治った人たちは一定の地区に隔離してもらいたいと言いたいのだ。

貧困層の逆襲

医師リウーが医師になった動機は、貧乏だったからだ（189頁）。多分家は貧しい労働者一家だった。小さい時本人が病気になった時でも医師にはかかれなかったのだろう。多分苦学して医師になったのだ。そういった個人史のゆえに、リウーは病気の人であれば誰でも治療する医師であったのだ。そして今「際限なく続く敗北」（188頁）の中でペストと睡眠時間を削って戦う医師だった。

こういった医師の在り方の真逆がアメリカの医療制度だ。まず医療が貧困だ。超一流の医学技術があるのに、貧困層には医療が行きわたらない。それは日本のように国民皆保険でなく、自由診療だからだ。医療保険に入り、その保険で医療代を賄うので、保険に入っていない貧しい人たちは治療を受けられないのだ。新型コロナ感染症らしいとわかっても、治療や病院に行かないから感染が激しく広がるのは当たり前のことだ。構造的にヒスパニックとか黒人とかが貧しさの中に閉じ込められているので、その結果世界で一番の感染者と死者を出しているのだ。

この現象は裕福層のためだけに世界があるのではないことを示した。アメリカの保険制度の欠陥がこの感染症の拡大を招いている。確かに貧しい人の分まで裕福層が医療の負担をするのはおかしいというのは一つの理屈だ。そこのところを互いに分かち合わないと、この膨大な感染者に対応して外出禁止などによって経済が滞り結局は裕福層の首まで絞めることになっている。他者を配慮することは必要なことであり、それは裕福層の一種の保険ではないだろうか。そのアメリカは強大な資本主義社会であり、アメリカなしには強権的な中国に対抗することはできないが、弱者にも配慮する資本主義社会でないと、こういった人権を軽んずる現象が生じるのだろう。

結局、貧困が新型コロナ感染症を爆発的に広げている原因の一つだ。これは南米でも言えることだ。ブラジルでは膨大な感染症患者が貧困地域に発生している。ブラジルは貧富の格差が激しく貧困層は非衛生的な地域に住んでいるという。

（協力・消毒・共存）

世界的に見れば、経済の弱いアフリカや、内戦の続いている国に対しても国連が、あるいは個別の国が感染拡大防止の支援をしなくてはならないだろう。現代はグローバル時代だ。すべての交流が速く進む。それだけに感染も瞬く間に広がっていくから日本も、東南アジアやアフリカ、中央アジア、中東など内戦で疲弊している国々のために、この感染症の蔓延を防ぎ乗り越えるため積極的に支援していく必要がある。

日常性、規制

新型コロナ感染症が今までの日常性を抑圧している。それは自粛規制やぶりに対する批判だ。自粛規制の一つに県外に出ないことと政府が言っていた（二〇二〇年三月）が、観光地は地域以外の訪問客も期待しないと、経営が成り立たないだろう。そこに矛盾があるのだ。来てもらいたいが新型コロナウイルスを運んでもらっては困ると。

いつまでも建前でやっていけるわけがないし、この感染症は長く続くと考えられるから、私たちはある程度さまざまなことを黙認しながら建前と本音を使い分けていくしかないのではないか。たまには県外に遊びに行きたいし、あちこちにも行きたい。たまに行けばよいのだ。ただある程度自己規制して、自分もその感染症にかかる可能性を自覚し、マスクの着用、一～二メーター離れること、おしゃべりは控えめに等、を守りながら自分のペースで生活の時間を使っていくのが良いのではないか。

自粛規制とかで行動などを規制しても短期間なら忍耐できるが、長期間となると守れないことになってしまうのではないか。そんなに長期間自己を規制すること等とても難しいことなのだ。あまり厳しく自己を律すると、守らない人をきつく批判するような欲求不満になってしまう。もう東京では二か月間（四月、五月）自己規制しているからぼちぼち限界に来ている（これはGo Toキャンペーン前の感想だ)。

多数派の不要不急観だけが正しい、となりがちだが、それぞれが我慢しなくてはアメリカのように広がってしまい経済なども立ち行かなくなるだろう。また私などは感染すれば重症化する危険性があるから、同調圧力というより、自分のために自制している。そういった人も多いと思う。それぞれのかなり自然な行動ではないかと思う。

杉田敦は同じようなことを言っていた。

「ロックダウンに際し、人権意識の強い諸国でも政府による行動制限が広く受け容れられたのは、罰則が厳しいからではなかった。自分たちの生命・健康を守るために、自分たちへの『規律』が必要だと多くの人々が認めたからである。こうした権力のあり方には、さまざまな分断という重大な副作用もあるが、それでもなお、そこでの権力が人々の自発性に基づいているという点を見落とすべきではない」(『コロナ後の世界を生きる』256頁)。

緊急事態宣言によって自粛要請が政府から出され(二〇二〇年四月)、同調圧力が結構強いのが日本だが、この人も言っているように、自己規律しないと私のような老人には厳しいものがあるので自粛せざるをえないのである。私などはそんな雰囲気だ。

一時は日本全国が自粛ムードに入り、繁華街が閑散としていた。私はその現象に驚いた一人だ。日本人はこれほどまでにお上の言質に同調する上意下達の国民かと思った。上級官僚の忖度などの、お上のご意向を自分から感じ取りその意向に事実を捻じ曲げて従うのに似ている。だが、非常事態宣言解除後の日本は繁華街に人があふれ出し、同時に新型コロナ感染者の数が増え続け、当局の再度の自粛要請にもかかわらず、以前のようには自粛しなくなったのを見て、国民がそれぞれ自己判断の力をまだ持っているのだと感じホッとしている。戦前のような右向け右の思想を受け継いでいるのではないことに安心している。

行政はあくまで自主規制として人々の良識に訴え、警察などの権力を使う強制でなかったのはよいことだ。中には自警団のような人たちもいたようで、他県の車を壊すとか、出て行けとか言ったそうだ。そういった人たちはどこにでもいるから、気をつけなければならない。もっとおおらかにならなくてはならない。確かにこの感染症は怖いが、人間同士でいがみ合ってもしょうがないことだ。しょせん人間も自然の中の一存在でしかない。こういったある程度危機の時は人間の存在の生の部分があぶり出され、自粛を破る人や、逆に自粛警察めく人などいろいろあるのだ。典型は、若者の一部はマスクを着用しないし、逆に老人はこの感染症を神経質なほど恐れていることだ。その場その場の立場で、人はそれぞれ行動しているのだ。

いずれにしても、３密を避ければかなり感染は抑えられそうだから、きちんとそれを実行して、人生をエンジョイしながらさらに良い付き合う方法を模索していきたいと思う。ただ、人間は慣れるといい加減になりがちだから、自戒を込めて日々この感染症と戦わなくてはならないとも思う。

社会構造――揺れ、亀裂

今回の感染症によって見えてきたのは、この感染症の特徴から現代の社会構造をある程度変えていかなくてはならないことだ。

中世期ではペスト禍でヨーロッパの人口の三分の一が亡くなった。これによって社会構造が変わり中世が終わったと言われる。

具体的には、人口減少による労働力の減少で賃金が上がる。農民が流動的になる。教会が権威を失う。人材不足によって既存の制度以外の登用によって身分制度が崩壊。これらによってルネッサンスが勃興したのだ。

今回のコロナ感染症も今までの社会的構造を変える力があるだろう。

不要不急の外出自粛の要請とはゆっくり生きていくことを意味する。今まで人はあまりに急ぎすぎていたような気がする。私などもその一人で、後人生何年生きるかなーと思い、できることはやっていこうと忙しく毎日を送っていたが、嫌でもゆっくり生きざるをえないから、こういった感染症によって人生を振り返る良い機会を得たのだ。

仕事もテレワークなどの在宅勤務による都市集中をしないような仕事の在り方は、今までの生き方との分岐点になるだろう。それは地方への分散だ、自然の中に再び入って行くことだ。集中からの分散だ。人生も凝縮しないでゆっくり歩むのだ。人生にやり残しがあっても気にしないことだ。非日常性を日常性とする生き方なのだ。

同時に新型コロナ感染症において、社会の亀裂、分断が明らかになる。

感染を広げないために企業の自粛が求められている。テレワークができるところはよいが、そうでないところでは自粛によって生活が干上がってしまう。二か月間は我慢した。限界にきて行政は自粛を緩め始めたわけだが、少し緩めると感染がまた広がる。難しい問題だ。

体を張って仕事をするところでは、休業によって倒産とか、失業に追い込まれる。水商売なども大変なようだ。接客が商売だからマスクなどはつけられないという。確かに客はその子の隣に座り、顔などを見ていろいろと楽しむのだろうから、マスクをしていては興ざめだろう。その結果として感染が広がる可能性もある。ここにも社会の亀裂があるのだ。ホストクラブも目の敵にされている。こういった一般からはあまり見えない風俗業や水商売などの生き方もあるから、そういった従業員にも失業保険などを提供して感染症が拡散するのを防ぐべきだろう。パチンコなどはさほど必要なことではないから抑制してもらいたいと思う。ただこれなどはある程度はガス抜きのために必要かもしれない。しっかり感染予防すれば可能だ。

老人は恐れ、若者はマスクをしないで集団で騒いでいる。彼らはかかっても軽いから平気なのだ。ここにも社会の亀裂とでもいうのか、何か次元がずれているような気がする。若い人は軽症が大部分だ。それでも中には後遺症の出る人は出るというから感染症をなめてはいけないのだ。このように社会がぐらぐらしているのに、それなりにスーパーも人が出入りし、日常が日常として何気なく進んでいるのも怖い。

命のありよう

私の周りには今のところ重症者はいないが、この先のことはわからない。新型コロナ感染症では日常的に人が亡くなっていく。今日は幾人死亡と報じられ、少し人数が多いと嫌な気分になる。いつこの数の中に私も加えられても不思議のない年だからだ。今までは死は抽象めいていたのに、今は死は完全に日常化している。まりや食堂のボランティアの高齢者も感染を恐れ休んでいる人が多い。それゆえ私も緊迫の中にいるが、他方では3密を避ければ簡単にはかからないだろうと高《たか》をくくっているところもある。

『ペスト』では棺が間に合わないほど死者が続出する。アメリカやブラジルでは死者の数がすごい。日本の死者は少ない。それでも毎日死者が出るから、死は常に間近な存在である。他人の死にはとやかく言えないが、自分の死については、重症化などの状況が来たならば、辛いけれども受け入れていかなくてはなるまいと思っている。

あらゆる生命には誕生と死がある。それが生命界の在り方なのだ。生まれ死んでいく。その間に新しい分身を残していく。生物の世界はこうして未来へと受け継がれていくのだ。人間で言えば80年ほどの生命の期間が自然から付与されているのだ。それが過ぎれば自然に帰るのは当然だ。それが生命の自然な形なのだ。

その生命は天地創造によって生み出されている（創世記2章1節）。創世記には、六日間の時間に神は地球のあらゆる存在を創ったとある。これは考えたら一種のビッグバンだ。宇宙論ではこの宇宙は10^{-35}秒という短い時間に大爆発が起きて出来た。この地球も同じように神によって短時間の間にあらゆる存在が創り出された、と古代の神学者が理解したことはとても面白いと思う。

六日間でさまざまな存在が創り出されるが、それは生きているもの、非生物も、宇宙も。7節には人間の創造もある。人間もさまざまな創造物の一つに過ぎず、世界は人間のためにだけあるのではなく、すべてのもののためにあると理解される。それぞれが生き死んでいく、それぞれが繁殖し枯れていく。

今日人間の命を脅かしている新型コロナウイルスも、一つの生き物として自らの存在を示しているのだ。多分神が万物の世界を創った（創世記2章1節）のだから、このウイルスの原型も作られたものの一つなのだろう。それが変異し、人間には非常に厄介な存在にはなったが一つの生き物として激しく繁殖し、子孫を残しているのだ。ウイルスの中には、人間の遺伝子に取り込まれて人類に貢献しているものもあるという。神の創造は人間の想像を超える不思議さがある。

当初、神はこの世界を人間の支配に委ねた（同1章28節）が、アダムとエバの追放によってこの神の約束は破棄されたのだろう。同じことはノアの洪水にも言える。同じ28節で生き物を祝福しているが、人類の悪のゆえに洪水で人類も他の生き物もほぼ滅ぼされ祝福は反故にされている。神は人間の行いによって言質を思い直す方なのだ。

自然の一部であったアダムとエバがエデンの園から追放（創世記3章23節）されるとは、人間の自然からの自立を意味する。自立ゆえに労働の苦労とか、出産のつらさもあるのだが（同3章16、19節）、自力で世界の頂点に立った。

だが、現在のところ地球の経営はうまくいってはいないようだ。そのことは、今なお戦争、飢餓、病気などの克服ができないことや、そのほかにも地球には人間にとり不都合なさまざまな問題が山積していることから明らかだ。今回の新型コロナ感染症も改めて自然界が人間に決してやさしくないことを教えている。

新型コロナ感染症はワクチンができればそれなりに世界は落ち着くだろう。他方では、今後とも動物等に由来する新しい感染症が発生することはありうる。なぜなら、動物と人間がとても近い関係になっているからだ。家畜は人間に貢献し、犬猫は人間を慰め、その他のいろいろな動物にも囲まれているが、それらの動物のまき散らす病原菌にたえず晒されている。それらの病原菌のあるものは突然変異によって人間の間に広がり、感染症になる可能性がある。そういった意味では自然がいつ人間に牙を剝くかわからない。

そのような牙は何も動物だけとは限らない。昆虫が然《しか》り、自然もそうだ。地球温暖化はまさに、自然を大切にしないために起きている現象だ。温暖化などはなかなか後戻りできないから、これ以上悪化させないように官民挙げて努力していく必要がある。自然の脅威は過去を振り返ってみても、氷河期や巨大隕石の落下による地表の冷却、また感染症のペスト の脅威、スペイン風邪の猛威など今後これらが繰り返さないという保証はない。

結局は、神が地上にあらゆる存在を提供しているのだから（創世記2章1節）、人という種が絶対的存在でないことを意味する。自然に対して傲慢《ごうまん》になり、自分たちの利益だけを考え、地球環境を破壊し続けたことによって地球の温暖化が生じ、地球規模で台風やハリケーン等が巨大化し私たちは苦しむことになったのだ。今私たち人間も自然の一部であり、極めてはかなく、もろい存在であることを自覚し、今後制御ではなくて、地球との、自然との共生によって自然の猛威を鎮めることが必要ではないか。人間の利益だけでなく、自然の利益をも考えて共生することが、神が万物を創造されたことへの呼応ではないだろうか。

新型コロナウイルスをはじめ、さまざまな新しいウイルスが人間に感染症を起こしているが、同じことがこういったウイルスにも言えるのではないか。結局はそういった存在と大きな意味では共生することが大切なのだ。この機会に人間は世界の無数の存在するものとの対話が必要ではないだろうか。そして謙虚にそれらの問いかけに耳を傾けなくてはならない。その中でどうしても人間存在を脅かすものは封じ込めによって全体が共生していくことが大切かもしれない。自然を支配するのではなくて共生が重要になってくるのだろう。

『コロナ後の世界に生きる』（岩波新書）の中で高山義浩医師は面白いことを言っていた。以下要約。

感染症と共存しつつ制御する人類社会にとりコロナウイルスは処女地だ。封じ込めることはできない。高齢者や基礎疾患患者への高い病原性を持っているが、子供たちへの病原性は低く、人類社会に定着する都合の良い性質を持っている。集団免疫で終息する。一定の人口があると感染症は保存され、時々地域で発生する。そのつど封じ込めることが繰り返される。世界のほとんどの国で新型コロナウイルスの封じ込めを諦め、このウイルスと共存する道を選んだ。日本政府も爆発的な拡大の防止を基本としている。

理屈上は封じ込めもできるが、社会経済が犠牲になる。地域で発生させないのではなく、地域での発生を広げないことを目標にする。持ち込まれた感染症が自然に消えてゆく社会を目指す必要がある。

発熱があれば外出自粛、学校、会社は休むのが当たり前の社会。混雑が生じないような時間、空間、テレワーク、出張減らし、オンライン会議、咳エチケット、外出後の手洗い、食事前の手洗い、手を洗う習慣、等これらを身に着けていれば、ウイルスは持ち込まれにくく、持ち込んでも流行せずに、消えていくはずだ。これがこの感染症で求められている。（40—46頁）

地域での発生を広げないようにすることは納得だ。感染した人は治療し、治し、後は社会の在り方を列挙しているが、そうだろう。密をさせない社会作りが大切だろう。後は手洗いの習慣だ。ただ、3密を防ぐことなどは、当初は緊張しているから守るが、時間が経つと緩んでくる可能性がある。それが二〇二〇年の七月や八月の感染者の増大に現れている。その意味では、こういった文章に触れてこの感染症の性格をきちんと知り、長期にわたって対応する心構えが大切だ。

この人はワクチンへの過度の期待を戒めている（42頁）が、それは必要だ。これによって集団免疫ができるからだ。老人は恐れ用心して感染しないように努力するが、若い人はさほど用心しないからこのウイルスが感染を繰り返して子孫を残して人類に定着するのだろう。そしてインフルエンザなどのように、時折広がるのだろう。それに対してワクチンの定期的接種を必要とするのが老人だ。そのうち現在のインフルエンザのようになるのだろう。

こういった感染症の感染の仕方や感染の拡大、毒性の強さ、弱さについて述べている左の本は私たちの感染症に対する理解の助けになると思う。

「人間の行動と病原体の進化」（188頁以下）が感染症に対する私たちの立ち方の参考になると考え、『感染症と文明――共生への道』（山本太郎、岩波新書、二〇二〇年第六刷発行）から紹介する。この本は二〇一一年に発行されたものだが、現在広がり続けている新型コロナウイルスについての良い理解になったと私は思っている。

自然は無目的に起きる変異を選択し進化に方向性を与える。選択は環境からの淘汰によって方向づけられる。その結果生物は環境に適した生態や機能を持つ。ウイルスの進化についても同じことが言える。

人間の行動が選択圧となって、病原体が進化（変化）することがある。

著者のエイズウイルスの感染シミュレーションによれば（188―190頁）、短期的には性的交流が穏やかな集団では全体のＨＩＶが緩やかにしか流行しない中で、弱毒ＨＩＶ株が優位に流行し、性的交流が活発な集団では強毒ＨＩＶ株が優位になった。

このことはエイズの流行において人々の行動がウイルス株を選択する圧力になりうること、そしてその選択は強毒株を選択する圧力にもなれば、弱毒株を選択する圧力にもなることを意味する。

強毒ＨＩＶはその高い感染力と致死性、短い潜伏期間ゆえ、宿主を消耗し尽くしていく。つまり、新たな宿主が次から次へと供給される環境のみ生存が可能となる。別の言い方をすれば、感染者と非感染者の接触頻度が低下すると、強毒ウイルスは自らが持つ強毒という性格のゆえに消滅することになると述べる。これは、新しい感染者を見いだせないままで宿主が死亡する結果としてウイルスも消滅することを意味するのだろうと私（菊地）は理解した。

それに対して、潜伏期間が長くて感染効率と致死性の低い弱毒ウイルスは生き延び、ウイルスと人の間にある種の安定した関係が築かれていくと述べる。

これはすごいことだと私は思う。つまり強い症状を現わさないが体内で生き延びていくのだろう。

言い換えれば致死性の低いウイルスの宿主は時に性的関係を持つことがあってもパートナーも宿主もウイルスも生き延びることを意味するのだろう（菊地）。

これは今回の新型コロナウイルスにも言えることだろう。ウイルスは世代交代が速いから、ウイルスはどんどん変化していく中で、人々が外出を頻繁にすれば、毒性の強いウイルスが優位となり、感染が拡大し重症者も増えるだろう。外出を控えめにすれば、ウイルスの感染の可能性が小さくなるから、ウイルスはおのずと感染力の弱い致死性の低いウイルスが優勢となり、広がるのだろう。それも徹底的検査によって感染をチェックし治療すれば、このウイルスはある程度抑え込めるのだろう（菊地）。こうしてみると3密は作らないなどの今日の日本のやり方は適切なのだろう。

日本経済新聞朝刊、見出し「変異種拡大止まらず」（二〇二一年一月一三日）は毒性の強いウイルスが発生するメカニズムを紹介している。

それによると、新型コロナウイルスは平均十五日で変異する。人の細胞に侵入したウイルスが複製をつくる際に遺伝情報をコピーミスすることで変異が起こる。感染者が増えると、コピーミスする機会が多くなり、やっかいな変異種が出現しやすくなる。感染力が低いウイルスが淘汰され、より感染力が高い変異ウイルスが広がる（菊地、一部抜粋要約）。

前に述べた感染者増大との繋がりで言うと、外出を頻繁にすることで感染者が増えればコピーミスが多くなり、さまざまな変異種が出現するだろう。そうした中で毒性の強いウイルスも発生し感染力の弱いウイルスは淘汰されるのだろう、ということなのだ。

山本は病原体の根絶には否定的だ。根絶すれば過去に、感染症に抵抗性を与えた遺伝子を、淘汰に対し中立化するからだと言う（193頁）。

これはわかりづらいが、ここで言いたいのは、根絶すれば遺伝子に感染症を排除しようとする力が無くなってしまうということなのだろう（菊地）。

多分これはある程度感染症のウイルスの宿主となって抵抗力を養っていくことが必要だというのだ。このように達成された共生は心地よいとはいえない妥協の産物だと言う（194―195頁）。

日本では、さまざまな予防接種があるから、そういったものもある程度抵抗力となって今回の新型コロナ感染症が世界のように広がらない理由かもしれない。それは明確ではない。

前で「遺伝子の中立化」のことに触れたが、「従来のコロナウイルスに感染した免疫の記憶が働いて新型コロナウイルスによる重症化を防いでいるという研究が進んでいる」という記事を読んだ。

「ウイルスなど病原体に感染すると、再び感染しないよう体内の免疫がその病原体の特徴を記憶する。この記憶によって抗体が働くほか、T細胞と呼ばれる免疫細胞も増えて病原体を攻撃する。ところが免疫がないはずの新型ウイルスに感染しても、以前から存在するコロナウイルスに感染した記憶が素早く働いて重症化を防ぐ可能性が見えてきた。新型コロナウイルスでも国際的に研究報告が相次いでいる」（日本経済新聞二〇二〇年八月二一日朝刊12版3面「『免疫の記憶』重症化防ぐ?」）。

こうしてみると、さまざまな病原体に対して免疫を持っていれば、新たな感染症が発生してもある程度重症化は防げることを意味するのだろう。やはり病原体との共生が必要なのだ。

共生が進むべき道であるが、それによって対価を払う個人がいると言う。つまり私たちは宿主として生きていくのだが、どこで発病するかはわからない。中には重症化して亡くなる人も出るかもしれないというのだろう（菊地）。共生は心地よいわけではないが妥協の産物だ。そして感染症への適応も共生も二十一世紀における大きな挑戦だと言う（195頁）。

宿主である人とまだ安定的関係を築いていない病原体も多いとも言っているから、未知のウイルスが、突然変異などによって人に感染するウイルスに変わる可能性は常にあるのだ。まずは、私たちはワクチンによって、この新型コロナ感染症と共生の道を歩むのが良いのであろう。次に、人は自然の生き物の一つに過ぎないから、万物（創世記2章1節）が存在する地球にあって支配ではなく、英知を持ってウイルスやその他の存在を配慮しつつ共生していこうとする生き方を、新型ウイルスが私たちに開示し、その課題を提供してくれたと思う。

さまざまな眼差し

剣《つるぎ》を打ち直して
鋤《すき》とする

ーすべての命に然りー

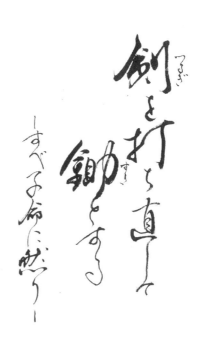

1　ガンディーの眼差しとキング牧師

サッティヤーグラハ

竹中千春『ガンディー――平和を紡ぐ人』（岩波新書、二〇一八年）を紹介しながら私なりの感想を述べて、キングまで非暴力について見ていく。

ガンディーは二十代から四十代に南アフリカで弁護士をしていた。南アフリカはイギリス帝国主義の前線の植民地で、ダイヤモンドや金の鉱山で労働力はとても必要だった。黒人は奴隷的に使われ、インド人も債務奴隷のように扱われて、あらゆる権利が無い状態で、徹底的に差別的に取り扱われていた。

南アフリカでの彼の最大の功績は、インド人を差別する法案に対してインド人の権利を守るために新しい運動を作ったことだ。それがサッティヤーグラハ（魂の力＝自己犠牲＝非暴力）運動だ。この意味は、数の力や武器でなく、自らを強者と信じ、愛情の力に基づいて、自らが苦痛を引き受けながら、相手を、また自分を乗り越えることで、真理と非暴力により生まれる力だという。非常に抽象的で、多義的に解釈できるし、すごく精神主義的な言葉のように感じる。

この運動について、別の本（マハートマー・ガンディー『今こそ読みたいガンディーの言葉』古賀勝郎訳、朝日新聞出版、二〇一一年）では、「非暴力は人間に委ねられた最大の力である」と言っている（118頁）。また非暴力の訓練を受けるためには死ぬ術を習得しなくてはならない、とすごいことが書いてある（同頁）。実際ガンディーはそのように実践してきた。非暴力の信徒は、土地や財産や生命を失うことを気にしない。ただ一つだけ怖れるものがある。それは神への畏れだという。非暴力において解決策が見いだせない時は、自らの肉体を放棄するという最後の手段に訴えるべきであると。多分これは断食のことを指しているのだと思う。これは激しい政治運動だ（菊地）。

アジア人登録法ができると、ガンディーらは登録をボイコットした。登録をさせないように役所にピケを張った。彼は逮捕され二か月の禁固刑を受けた。週に百人ものインド人がボイコットで逮捕された。その運動によって法案を撤回させたが、新たなアジア人法案と移民制限法案が出され、抗議活動が続いた。

数千人の人が大行進をした。それを阻止するためにガンディーは幾度も逮捕されては保釈金を払って釈放された。多くの人が逮捕され、殴られ蹴られた。これらがインドで大きく報道され、インドの総督が批判をするなどしてガンディーらの要求は通った。非暴力、不服従運動で差別法を撤回させたのだ。

インドに帰ってから会議派の指導者になり、一九二一年には会議派が非協力運動を始める。この時代にはガンディー主義が会議派の中心的な政治活動になる。その中にカーディー運動とスワデーシ運動があった、これはイギリスの製品を燃やし、インド製の服を着る運動で、イギリス製品不買運動だ。こういうことをやって何とか独立を勝ち取ろうとした。

塩の行進

これはインドの完全独立のための不服従運動だ。塩の生産・販売はイギリスに握られていた。それを自分たちでやろうとした。当時、それは違反だから逮捕や弾圧がある。何万人も逮捕される。しかし、ガンディーたちは非暴力・不服従でそれを行った。製塩所を非暴力的に襲撃。殴られ血を流す人などサッティヤーグラハ運動が半端でないことを感じた。他の本によると「塩の運動」で、製塩所にデモをして警官隊が無抵抗者に対して棍棒で徹底的に殴り、頭蓋骨の割れる音がするとか、意識のなくなるまで殴るとかで三人の死者が出たと書いてあった。植民地だったから支配層のイギリスは過酷に取り締まったのだろう。牢にしても食事もひどく、寝床もひどかったろうと推測できる。それだけに、この運動は本当に半端な気持ちではできないと感じてしまう。ガンディーが言っているように、命を捨てる思いがないとやれない運動だ。

第二次世界大戦の終結でインド独立の機運が高まる。その中でジンナーという会議派に属しているイスラム教徒は、ガンディーとも親しかったが、宗教を超えた国民の連帯を捨て、イスラムの国の独立を主張する。それはインドの分割を意味するのだが、ガンディーは両宗教の和解と一つのインドを主張していた。これもサッティヤーグラハ運動だ。

時代の波は彼の心情とは異なる方向へ進んでいった。イスラムとの和解を言えば、ガンディーは時代遅れとか、祖国の裏切り者と言われ、理想主義者と見られた。会議派の主だった人はガンディーと一線を画して離れていく。インド内にはイスラム教とヒンズー教の激しい対立、殺し合いがあった。そういう中でヒンズー至上主義の義勇団ができ、ガンディーはイスラムとヒンズーの両方から非難を受けることになる。

イギリスは分割を承認し、ネルーもそれに賛成する。その中でガンディーは個人として一人で、サッティヤーグラハを行う。つまり非暴力、和解を説くのだった。

イスラム教徒の多い村に居を構え、毎日夕べの会を開き、お祈りをして平和委員会を結成する。七十七歳のガンディーは焼き討ちや殺し合いのさなかで行動を実践した。

民族義勇団に基盤を置く政党ができ、これが後に人民党を名乗り現在の政権へ続く。これは民族や宗教を柱とするヒンズー至上主義の運動だ。これに対し会議派はあらゆる宗教を国家が保護し、非暴力、平和を目指す立場をとっていた。だが、強い軍事力のインド国家を再興しようとするヒンズー至上主義的ナショナリズムが政治の中心になっていく。これは多分パキスタンとの緊張などが理由なのだろう。

二〇〇〇年に公開された映画で、ガンディーが暗殺される場面で笑いとヤジが飛び、竹中はそれに驚き、恐怖を覚えたと述べ、大国を目指すインドでは非暴力と平和の思想は意味を失いつつあるのだろうかと問いかけている（199頁）。

竹中は一九三〇、四〇年代に世界は戦争、革命、暴力的手段を求める時代の風が吹いていた（141頁）と言うが、私はこれは違っていると思う。左は私の感想。

古代から権力はいつも暴力的で、反対側も暴力的だった。その中で非暴力思想が政治とかみ合っていたのはガンディーが中心の時しかなかったのではないか。非暴力も政治運動の一部だが、すべてではない。しかしガンディーにとってはそれがすべてで、それが彼の生き方だった。だから、彼の考えたサッティヤーグラハが政治の中心でなくなれば、自分の生き方で生きる道を行くしかないのだ。政治がこの思想から外れたらガンディーの考えは時代遅れと批判されるのは仕方がない。

政治はサッティヤーグラハではない。政治は国益とか政党の利益とかで動く。ガンディーはサッティヤーグラハで動いている、これも強く政治的ではあるが、非暴力、不服従、和解、平和、祈りなどは政治の次元を超えているところもある。俗と聖を含む思想なのだろう。

独立運動の時はイギリスとの戦いにサッティヤーグラハはマッチしたが、時代は変わった。パキスタンに負けない国になるには非暴力では無理で、それは道化でしかないと考えられた。サッティヤーグラハは必要だけれども、それだけでは政治は仕切れなくなった。インドとパキスタンの政治的対立で民意が先鋭化してしまい、他者を許すというような心の豊かさがなくなってしまったのだろう。だからサッティヤーグラハは背後に退いてしまった。

アメリカ合衆国元大統領のオバマがガンディーを尊敬していても、彼は政治家として海外派遣ではいくらでも武器を使う。だから精神のあり方と現実の政治はまるっきり違う。政治は非情で、必要なら鉄砲を使うし、戦争もする。きれいごとではない。味方が殺されたら報復もある。

しかし、政治が先鋭化している現在こそドン・キホーテ的であっても、平和主義が緩和剤として必要だと思う。ガンディーのサッティヤーグラハは決して安易な平和主義ではない。場合によっては命をかけた不服従や非暴力だ。これはかなり強い精神運動であり、かつ政治運動だ。私たちも、できるところでこのような運動を行うことを考えなくてはならないと思う。

ガンディーの思想と聖書の愛の思想には共通項があると思う。新約聖書のコリントの信徒への手紙一13章の「愛」もサッティヤーグラハに共通している。愛は忍耐強い、愛は情け深いとあるが、非暴力、不服従に通じる。

聖書における非暴力の典型は「愛敵」（マタイによる福音書5章43―48節）だ。神の子となるためという条件はあるが、敵を愛するという行為はたやすくできることではない。ガンディーは愛敵についてすごいことを言っている。「自分を愛する人のみを愛するのであれば、それは非暴力ではない、自分を憎む人を愛する時に初めて非暴力となる」（『今こそ読みたいガンディーの言葉』119頁）。多分、自分を憎む人を憎めばそれは心の暴力なのだろう。聖書の「人を裁くな。あなたがたも裁かれないようにするためである」（マタイによる福音書7章1節）との教えなども、非暴力的生き方だ。非暴力は人間に委ねられた最大の力だ（同118頁）、暴力の武器を凌ぐものだ、とガンディーは言う。

イエスの十字架に至る生き方は最大の非暴力だろう。それについて田川建三は面白いことを言っている。「あれだけの活動を続けてきた男だ。しかも、今日は活動して、明日は逃げ出した、というわけではない。今日も明日も明後日も、進み続ける覚悟をしている。そういう活動を身をもって実践する者こそが、その活動が何を結果としてもたらすかを知っている。それゆえに、『人の子ははなはだしく受難し、ないがしろにされ、殺される』といった程度のことは口にしたろう」（『イエスという男』作品社、二〇〇四年、396頁）。そして、聖書によれば、イエスは無抵抗で逮捕され（マタイによる福音書26章57節）、凌辱に従順に従い（同27章29節）、神の国実現を望み、十字架上で死なれた（同27章50章）。

一連の出来事の中で、十字架上の死の間際の叫び「なぜわたしをお見捨てになったのですか」（27章46節）は、非暴力の極みを示しているのだろう。そこでは何事かが自らの上に生じることを期待しながら、絶望の真っただ中で死にゆくイエスがいた。ここでも非暴力が最大の力を引き出したのだ。無抵抗の十字架の死がキリスト教を作り上げる引き金になったからだ。まさにこの生き方、死に方は神の子なのだと信仰告白せざるをえない衝撃を与え、また、逃走した弟子たちがその死に方にまさに贖いの主を見いだし、復活信仰が生み出されたのだ（コリントの信徒への手紙一15章3節以下）。

イエス自身非暴力的にユダヤ教の非人間的律法にあらがい歩んだ人間だから、そこでは自分の財産を失うことも、命を失うことも気にかけなかったであろう。田川建三のイエスについての結論の部分は迫力がある。「イエスのあのような生と活動の結末として、あのような死があった、ということだ。あのようにすさまじく生きたから、あのようにすさまじい死にいたり着いた。いやむしろ、あのようにすさまじい死が予期されているにもかかわらず、敢えてそれを回避せずに生きぬいた、ということか。イエスの死に希望があるとしたら、死そのものの中にではなく、その死にいたるまで生きかつ活動し続けた姿の中にある」（『イエスという男』408頁）。

これはガンディーの生き方でもあったと思う。ガンディーは自分の暗殺を予期していたが、それを避けようとはせずに生き切ったと書いてあった。彼の生き方サッティヤーグラハ運動も、皆が時代遅れと離れていっても、己の生き方を最後まで貫いた。それはまさに前で引用した「その死にいたるまで生きかつ活動し続けた姿の中に」ガンディーの生き様があったのだろう。それは後に述べるマーティン・ルーサー・キングの生き方でもあった。

ガンディーも時代に取り残されたようだが、身を削って作り上げたサッティヤーグラハは現代でも非暴力闘争に重要な思想ではないだろうか。凄惨なイスラエルとパレスチナの暴力の応酬に、このガンディーのサッティヤーグラハを参考にできないものだろうかとも思う。

このサッティヤーグラハを命がけで実践したのがキングだった。『マーティン・ルーサー・キング――非暴力の闘士』（黒﨑真、岩波新書、二〇一八年）から彼の生き方を見ていく。彼は一九六四年ノーベル平和賞を受賞した。

キングはガンディーに直接学んだグレッグの本、『非暴力の力』より学ぶ。その本によれば、被抑

圧集団が取りうる抗議の方法は非暴力の方が効果をもつ。その行動は訓練と戦略、並びに勇気を伴う。犠牲もでるが、抗議者の受ける苦しみで第三者の人間心理に働きかける。それによって、敵の道徳的正当性が失われ、内部分裂を起こす可能性がある。敵のこの暴力は抗議者を増やす。世界の世論まで味方につける可能性がある（44頁要約）。ガンディーの非暴力の論理的意味付けのようで、非暴力の意味がよくわかる。

とは言ってもこの運動は命がけだ。バスボイコット運動では教会が爆破された。キングの家でも不発弾がくすぶっていた。南部では黒人への差別がひどく、白人全体が有形無形の暴力で既存の人種秩序を維持しようとする社会だった。ＫＫＫという組織は、黒人のリンチや黒人教会の爆破などで黒人を威嚇していた。多分キングも身の危険は常に感じていたのだろう。公民権運動では何度も逮捕されている。

そのようなさまざまな圧迫に対して、非暴力運動をするためにキングたちはさまざまな訓練をしている。顔にツバキをかけられても冷静さを保ち、非暴力を貫くために、さまざまなロールプレイで完全に自己統制ができるまで訓練する。このような訓練によって非暴力的行動が暴力に対してまた敵の挑発に耐え、人々は街頭などに出て公民権闘争のデモなどをしたのだ。

キングは著書「バーミンガムの獄中からの手紙」で言う。

「非暴力直接行動が求めているのは、交渉を絶えず拒否してきた共同体が、提起されている争点と対決せざるをえないような危機を作り出し、緊張を生み出すことなのだ。つまり、もはや争点を無視できないような状況を、劇的に提示してみせることです」（『マーティン・ルーサー・キング――非暴力の闘士』103頁）。

この言葉だけでも、キングの生き方は暴力を振るわない方法であるにもかかわらず、非暴力的方法が極めてラディカルだと理解できる。ガンディーも命をかけてサッティヤーグラハをした人だ。ただ、その運動は古くさく昔のことのように感じてしまうが、キングにおいて非暴力直接運動が現代によみがえったのだ。

キングたちは公民権運動によって、雇用、公共施設その他の生活上の差別廃止の公民権を勝ち取った。だが、こうした運動の中で白人による暴力は続き、黒人の教会が爆破され子供四人が死亡。公民権活動家に対する殺害事件も五十数件起きている。

ＦＢＩは既存の体制にとり真の脅威とキングを見ていた。キングの暗殺もＦＢＩとの繋がりも取りざたされたが、ＦＢＩが脅威と感じたのは彼が非暴力運動の力強い運動家としてアメリカの黒人の信望を集めていたからだ。

彼にはモンゴメリー（キングの最初の非暴力運動、バスボイコット運動の地）以来、命を奪われる危険は常に身近にあり続けた。批判、攻撃、死の脅迫が繰り返され消耗していた。人生はくだかれた夢の絶えざる物語だと前途多難を述べるが、「イエスは私を決して見捨てないと約束してくれた」と自分の根源を語る（190頁）。一九六八年四月暗殺（一九二九年生）。狙撃者のライフルによる。

葬儀では、コレッタ（奥さん）の希望で死の二か月前の説教のテープが流された。そこでは、彼はすでに自らの死を見つめていた。


その日、私は誰かに、マーティン・ルーサー・キングは他者に仕えるために命を捧げようとしたと言ってほしい。誰かを愛そうとしたと言ってほしい。飢えた人に食べさせようとした、裸の人に着せようとしたと言ってほしい。

もし、みなさんが私は目立ちたがり屋だったと言いたければ、どうか、正義のための目立ちたがり屋だったと言ってほしい。平和のための目立ちたがり屋だったと言ってほしい。私は後に遺すいかなる金も持つつもりはない。私はただ、捧げ尽くした人生を遺していきたい。それが私の言いたいことのすべてだ。（210頁、菊地要約）

この説教には私の心に強く響くものがある。これほど激しく生きることができるなんてと驚いている。非暴力運動は大変な勇気がいる活動だと、この本のキングを見て感じる。

ガンディーでもキングでも、その中にイエスの生き方の一部が見える。キングのこの説教の言葉、「捧げ尽くした人生を遺していきたい」はイエスの十字架の言葉「なぜわたしをお見捨てになったのですか」に繋がっているように思う。まさしくイエスは死に至るまで、ご自分の生き方を存分に生きて、神による救済などありえない捧げ尽くした人生だったのだ。そして人のために、自分の生き方のために生き切ったということを遺していったのだ。不肖の私の場合でもイエスと山谷に捧げたことを遺していきたいと願うだけだ。

ガンディーの生き方はこのようにたくさんの思いを私にくれた。

2　石牟礼道子の眼差し

彼女は二〇一八年二月に亡くなった。この人は水俣病を描いた『苦海浄土』で有名だった。水俣病患者に寄り添い、戦った人だ。この人を追悼するために土曜礼拝で『苦海浄土』を勉強した。この『苦海浄土――わが水俣病』（講談社文庫、新装版二〇〇四年）を通して石牟礼道子さんの眼差しを考察していく。

不知火海はきれいだそうで、極楽浄土だったのだ。それが水銀で汚染され、まさに苦海浄土になってしまった。本来なら、きれいな水からとれる魚は健康的なのに、その魚を食べて水俣病になってしまったのだ。だからその海は苦《にが》いのだ。信用している海と魚が原因の病気とは。チッソの垂れ流しの廃液によって海も魚も汚染され、それを食べた人間がやられてしまったのだ。このことをこう言っている。水銀は、人々が最も心を許している日々の生活、海の夜ぶり（集魚火）に潜んでいて、聖なる魚たちと共に人々の体内に潜んだのだ（146頁）。

〈不知火海〉

朝日新聞夕刊二〇一八年四月一四日「惜別」の欄に彼女のことが載っていた。

「怨」の字を白く染め抜いた旗を掲げ、一九七一年から一年以上続いたチッソ東京本社前の座り込みに加わった。水俣病の精神的支柱となり、「ジャンヌ・ダルク」とも評された。……

熊本・水俣には昔からひと様の苦しみを我がことのように受け止めてしまう人たちがいて、みんなを率いるのではなくて、「このままでは患者さんが大変」と身もだえする人だった。その姿を見て周りは何とかしなくてはと奮い立ったのだ。「もだえ神さま」と呼ばれていた。『苦海浄土』は水俣病を世に知らせる必要を感じた「もだえ神さま」の気持ちにかられてのことだった。

（菊地要約）

その通りで、苦海浄土は水俣の心の叫び、思想、イデオロギー、政治を全部ひっくるめ、もっとその根源の人間の叫びを描いていると心に響く。彼女は「その叫びを、悲しみ怒りを自らの痛みとし書き綴った」と裏表紙（一九七二年版）は紹介している。

裏表紙には悲しみと怒りとあるが、この本にはその深い怒りの表現が幾つもある。その最たるは戚《せき》夫人に対する阿鼻叫喚の呂太后《りょたいごう》（劉邦の妻）の所業を通して、チッソのむごたらしさを示している（新装版74頁）。続けて、「凄惨な異相の中に極限状況を超えて光芒を放つ人間の美しさがきらめく」（一九七二年版裏表紙）と。誠に、悲しみと怒りと人間の美しさを描いていると感じる。肢体が捻じ曲げられ、声を奪われ、目も奪われた患者さんを描く姿には、人間になりたいと求め続ける患者さんの美しさがある。植物人間になっても、女の子から娘になっていく姿が母の愛情を通して暖かく描かれている。

水俣と同様に、福島の原発事故の後遺症が、証拠のない犯罪行為として十年後、二十年後に、福島あるいは放射能のまき散らされた地域で通常より多発する可能性は否定できない。水俣を石牟礼さんが告発したように、福島も誰かが監視をして告発していかなくてはならない。

石牟礼さんは亡くなられたが、彼女の生き方はこの本に生き生きと残り、私たちに人としての生き方を教え続けている。まさに「もだえ神さま」だったのだ。あの胎児性水俣病の少年を抱きかかえて、爺さまと話をしている姿からは、障碍者に対するいつくしみのあり方が示されている。

山中九平少年（10頁、以下新装版）

この本の冒頭、第一章「九平少年」のところで、海にたわむれる少年たちの姿が湯堂部落の日常性として紹介されている。のどかな漁村のどこにでもある風景だ。その原風景は、汚染された海によって引き起こされた、九平少年や治療に行く胎児性水俣病患者たちの現実によって過去のものになり、その上その海はさまざまな不幸の元凶となったのだ。

この村の子供たちは迎えのバスで検診に行く。胎児性水俣病の子供たちは首がすわらない、おぼつかない足、口がきけない、目が見えない、視野が狭い、発語を阻止されている子供たちのあげる微妙な声、硬直したかぼそい手足を胸に抱えるなど、さまざまな症状の子供たちでバスの中は混んでいる。でも、皆バスに乗ったことをうれしがっている。バスが揺れ、二人の子供の頭が互いにごつんとぶつかれば、皆どっと笑うのだ（25頁）。

両親は漁などの仕事で子供の世話をさほどできず、それらの子供は大概家の奥に転がされたままほっておかれ、少し動く子は危ないのでひもで遠くに行けないように縛られていた。それだけにバスのひと時の解放感がうれしいのだ。

生まれつきの胎児性水俣病患者はむごたらしい。生き地獄だ。でも石牟礼さんのやさしく、温かい眼差しがこの文面ににじみ出ている。

水俣病で失明し、肢体も不自由な九平少年は決してこの検診には行かないのだ。役所の人がいくら説得しても頑として行かない。姉はこの病気にかかり病院で死んだ。彼も行けば殺されると思っているのだ。

少年のそのような態度を通して石牟礼さんは言っている。「水俣病を忘れ去らねばならないとし、ついに解明されることのない過去の中にしまいこんでしまわねばならないとする風潮の、半ばは今もずるずると埋没してゆきつつあるその暗がりの中に、少年はたったひとり、とりのこされているのであった」（33頁）。

発生の当初は、水俣病であることを言うのがはばかられた。水俣地方がチッソで持っているからだ。漁師も海で生活しているから大々的に海の汚染すなわち魚の汚染を公表されては生活が成り立たないからだ。その後のひどい状態の中で社会に露出して、社会的に救済が叫ばれ救済されてきたが、この指摘は正しいのだ。

国と熊本県の責任も問われ、何度も裁判が行われ、救済の枠組みが組まれても、できるだけ救済の枠を狭めようと国や熊本県は行動している。二〇一八年一月一八日にはノーモア水俣近畿第二次訴訟の第九陣が提訴をしている。これなど、一九五六年に水俣病が発見されてから六十年以上たってもこの問題は終結しないことを示している。

九平少年の姿は、何とか埋没させ救済をサボタージュしようとすることへの石牟礼さんの辛辣な攻撃なのだ。

「水俣病のなんの、そげん見苦しか病気に、なんで俺がかかるか」（76頁）と叫んで死んでいった老人の姿を通して、石牟礼さんは無責任なチッソを告発している。そして、古代中国の劉邦亡き後、呂太后が彼の愛人、戚夫人に尽くした残虐な所業を引く。呂太后は夫人の手足を切り落とし、目をくりぬき、耳をそぎ落とし、毒で声をつぶしたように、チッソによって水俣病の患者も夫人と同じ経緯を辿って非業の死を遂げ、または、生き残っているのではないか、と糾弾するのだ。

「チッソのあくなき独占資本の所業と言えば事足りるが、故郷に迷っている死霊や生霊の言葉を聞いて近代への呪術師とならねばならぬ」（74―75頁要約）、と彼女は言う。これは、彼女が運動家として活躍するというよりは、第三の道として、死んだ人の恨みや悔しさを憑依《ひょうい》させて、そういった霊の呪いや、恨み、悲しみを語り、書き、訴え、怨念を晴らしていこうとするのだろう。青森のイタコ（霊媒者）のようだ。

また、別の例をひいてチッソを告発する。

見舞いに行った病院の、病床では、半ば死にかけているが、まだ息をしているある老患者の様子はいかにも困惑し、進退きわまり、そして拡散したまなこは、死が納得できないと、言っているのだ（141頁）。アウシュビッツのユダヤ人が毒殺されたように、毒を飲まされ強制的に死を強いられている雰囲気がこの表現から読み取れる。水銀は、人々が最も心を許している日々の生活、晴れた海のタコ釣りや夜光虫のゆれる海の夜ぶりに潜んでいて、人々の食物である聖なる魚たちと共に人々の体内に潜んだのだ（146頁）。

彼の眼差しは決して安らかに往生しきれない眼差しであった（147頁）。告発を込めた大きく開いたまなこの前にチッソは立たなくてはならない。彼女を含めた誰もが立たねばならない。チッソだけでなくみんなが恩恵を受けているのだから、その前に立って謝罪しなくてはならないと言っているのだ。「この老人のかなしげな山羊のような、魚のような瞳、流木じみた姿態、決して往生できない魂魄《こんぱく》（魂、霊魂）は、この日から全部私の中に移り住んだ」（147頁要約）。水俣病の患者のさまざまな霊が乗り移るとは、彼らに成り代わり、彼らの怨念を叫び続けていくのだ、と彼女は宣言しているのだ。それがこの本なのだ。

いのちの契約書（320頁）

チッソはある程度の漁業の補償をした。だが、個人の補償は少なかった。大人の患者には年一〇万円、子供の患者には年三万円の補償だ。

彼女は念仏に代えてその金額を唱えている。

大人のいのち　一〇万円
子供のいのち　　三万円
死者のいのち　三〇万円

ブラックユーモアだ。この金額ではとても往生できない。命が安すぎる。

もう一ぺん人間に（169頁）

ゆきのことが語られる。夫は体が弱く、いつも夫婦舟だ。二丁の櫓を漕ぐのだ。ゆきは働き者だった。その漁村にも少しずつ水俣病が忍び込んでくる様子が描かれている。ゆき夫婦も取り込まれ、いつの間にか体調が不良になり、漁のできない体になって貧しくなる。他方では病気の治療のため魚をたくさん食べ、病気が進行してしまう。まさか海が自分をだめにするとは誰もが思うはずがない。たくさん食べて病気を治そうとする魚にまさか。

石牟礼さんが彼女を病院へ見舞いに行くという設定の場面だ。人間に生まれ変わりたい（185頁）、とゆきは言う。生まれ変わるなら水銀の入った頭をスパッと取り替えたい。すごい冗談だが、この病気は治らないし、ひどい後遺症だけが残る。だから本当に頭を取り替えたいのだ。今度生まれる時は頭を取り替えて人間に生まれたいと願う。人間に戻りたい、夫と漁がしたい、魚を返せ、とゆきの悲しみを石牟礼さんは詠《うた》うのだ。

九竜権現さま（188頁）

倅《せがれ》は水俣病発病、倅の嫁は喧嘩で出て行った。孫の一人は水俣病だ。生活保護の爺さまと婆さまで一家を支えている。二人が死んだらどうなるかと爺さまは嘆く。病気の孫は口がきけない、排泄も自分でできない。ご飯も自分で食えない。歩くこともできない。目が見え、耳が聞こえるだけで後は何もできない。胎児性水俣病だ。決してさからわない、いつも笑っている。家の者に心配かけまいとして笑っているのだ。目が深くすんでいる。少しでも家のことを手伝おうとしている。

貧しいから時に障碍の倅と漁に出る。水俣病の孫は少しでも手伝おうとして、横になったまま、曲がった手でくぎを打とうとして、指に血豆を作ったりしている。

「あねさん、この子は仏さまだ」と爺さまは言う。「あねさん、よだれ垂らした仏さまを抱いてくれ」。ここでは、石牟礼さんは親しみを込めて「あねさん」と呼ばれている。この爺さまは信心深く、神棚には権現さまとか、出て行った嫁も仏さまになっている。海で拾った石も仏さまなのだ。そしてこの子も仏さまなのだ。

石牟礼さんは、チッソへの怒りや、患者さんへの同情や、悲しみの共感だけでなく、爺さまを通して最も重い障碍者の中に神聖さを、聖なるものを感じているのだ。否定やさげすみではなく、最も世話を焼かなくてはならない人に対してへりくだらなくてはならないことを示している。この子は、姿は悲惨でも心の在り方が輝いていることを描きたいのだ。運動というよりも、こうした訴えが多くの心を動かしていったのではないだろうか。人間の根源的な存在の主張だ。石牟礼さんのこの生き方は、障碍者、困難にある人とのかかわり方を教えてくれるのだ。

草の親（263頁）

眠り続けている胎児性水俣病患者、ゆりはミルク飲み人形だと新聞は報道していた。食事だけしかできず、あとはすべてが障碍だ。六歳で発病、今十七歳。「植物的な生き方」だ。

木、草、魚、めめず（ミミズ）にも魂はあるのに、ゆりは魂を抜かれた、と母は嘆く（268頁）。魂がどこかに行き、ただ息をしているだけだ。草木も息をしているから、ゆりが草木であるなら、草木の母でも良い（271頁）、と母のつよい愛がゆりを幾重にも包んでいる。子供を虐待する人々に是非読ませたい本だ。

神さんはこの世に邪魔になる人間を創ったのか。ゆりは邪魔になっとる人間じゃなかろうか。自分で好んで水俣病になったのでない。ゆりにはこの世もあの世も闇だ。行って定まるところがない。うちは死んであの世に行くが、あの子に会われん（273頁）。

ゆりは涙を流す、と母は言う（273頁）。十七歳まで育ち、娘の匂いもする。ミルク飲み人形と言われたが、れっきとした人間の娘として女らしさが匂うのだ。チッソの毒に負けず、それなりに成長してきたのだ。石牟礼さんの人間賛歌だ。同時にチッソの告発だ。まさに人道に対する犯罪だ。廃液の垂れ流しはこうして神経を壊し、眠ったままの人間を生み出す非人道的行為なのだ。

この本はひどく困難な人への対応の重要性を教えている。人間の立ち方をしっかりと教えている。また、それぞれの困難をきたす現場の人間修行のあり方を示している。ただ、生身の人間の心ではなかなか困難で、仏の心とか、キリストの心がないとできないような出来事だなとも思う。

満ち潮（349頁）

会社が患者の家を見舞いに来た。患者はこの毒を出す会社を全部引き払ってもらいたい、と言う。それで人間が餓死するわけでもない。今までそれで生きてきた。会社あっての人間だ、と言うなら、そういう人間もそっくり会社とよそへ持って行けばよい（351頁）。これが石牟礼さんの思いなのだろう。患者が何か言えば、国のため、県のため、市のためになりませんと恫喝する。これでわかることは資本主義が苛酷度を持って繁栄の名のもとに食い尽くすのは個人の命そのものだ（357頁）。

朝日新聞朝刊（二〇一八年五月二日）によると、水俣病の亡くなった方々の慰霊式が行われ、チッソ社長がそこで救済は終わったと挨拶《あいさつ》した。この発言を受けて環境相は現時点では救済の終了とはいいがたいとの見解を示している。

今もって後遺症で苦しんでいる人、今も訴訟を起こして、この被害の賠償を要求している人々がいる中で、チッソ社長のこういった発言は、チッソが起こした公害を、結局は何も反省しておらず、裁判とか行政指導とか何らかの強制がなければ、公害を垂れ流して、知らんぷりを決め込む体質が何も変わっていないことを示している。

最後に

『苦海浄土』はドキュメントでなく小説だと解説者は強調しているが、本当だと思う。『水俣病は終っていない』（岩波新書、一九八五年）の著者、原田正純は長く水俣病にかかわっている医師だが、石牟礼さんがモデルにしたような、胎児性水俣病の人を本で紹介している。その人は自分のその子を宝子と呼んでいた。それはその子が胎児の時に自分の水銀を皆吸い取ってくれたので、自分は発病しなかったからだ、と言うのだ（124頁）。

石牟礼さんはそういった患者さんをモデルにして自分の世界を描いたのだろう。それは現実をより激しく糾弾する筆であり、患者さんをより深くいつくしむ言葉であったと思う。その点で小説はそれなりに人の心を虜にする力を持っている。

3　ローズの眼差し（ある愛）

『ブライトン・ロック』（グレアム・グリーン、早川書房）を読んで。

1　ピンキーのストーリー

観光地ブライトンの裏に住む悪党どもの話だ。縄張り争いから殺しがあり、そこから話は展開し、一人の少年と一人の少女の物語に集約されていくのだ。

さて、フレッドという人が殺されて、そこからさまざまな事件が起きる。フレッドは曲者で偽名をいくつも持っていた。アイダという女性がフレッドとちょっとした触れ合いを持ったことから、フレッドの死に疑問を持つ。

ずっと後にコリオニという悪党の親玉が出てくるが、コリオニはユダヤ人で、この町の大物だ。この人がフレッドを使って、ピンキーの親分のカイトを殺したのだ。それはカイトの縄張りを略奪するためだった。縄張りを奪われつつあるピンキーたちは非常に怒り、フレッドが街にやってきたのを見つけて、棒のようなあめ玉を喉に突っ込んで殺し偽装工作をする。

ウェイトレスのローズは、受け持ちのテーブルの下に賞金付き宝探しカードを置いていったフレッドと名乗った男と、死亡記事で新聞に出たフレッドの顔が違う、と友達になったピンキーに言う。ピンキーは、その犯罪がローズからバレるのではないかと恐れ、殺す目的で近づき、友達になっていたのだ。ある日二人で散歩した海岸の写真屋の店先に、ピンキーの仲間のスパイサーの写真が出ていた。ローズはその写真を見て、「この人がカードを置きに来た」と指さすので、ピンキーは口封じにスパイサーも完全犯罪的に殺してしまう。ローズとは身内に引き入れるために結婚する。それでも信じられず、ローズも殺すつもりでいるが、仲間のダローは反対する。

頭の良いピンキーはローズが自殺するように計算をするのだった。ローズは彼を愛しているから、自分が生きるのが嫌で自殺をすると言えば、心中するだろうと踏んでいるのだ。自殺すれば殺人ではないから、完全犯罪だ。

ピンキーとローズはある日車で自殺する場所へと行く。そして言葉巧みに自殺へとうながし、ピストルを渡す。「自分は後から行く」と言葉を残し車から出て行った。ローズは一度躊躇《ちゅうちょ》してから再びピストルを頭に当てた時、ピンキーを呼ぶ声と足音を聞き、我に返りピストルを捨てる。

ダローとアイダが警官を連れてその現場に駆け付けたのだった。ピンキーは瓶の硫酸を裏切ったダローにかけようとした時に、警官の警棒に瓶を壊されて、硫酸を自分の顔に浴び、悲鳴を上げながら崖から身を投げ、虚無へ。

2　ピンキーとカイン

ピンキーは自分たちのボスを殺された復讐で人を殺し、殺しが漏れないように第二の殺人を行い、第三の殺人を計画するが失敗し自殺する。ピンキーは神を信じているが神を恐れず、罪の報いの地獄行きを覚悟している。ピンキーは生きるために殺しを重ねるが、旧約聖書のカインに似ていると思う。ピンキーは告解もするし、お祈りもする。カインは神と話をするほど近い関係だが、自分を否定した神に反抗するためにアベルを殺す。それは神が理由なしにカインの捧げものを否定したからだ。これは神学者でも不可解だと言う人がいる。カインは神を求めて、人間の秩序を否定し、アベルを殺したのだ。アベルがいなければ神は自分を顧みるだろうと考えたのだ。ピンキーは生きるためにこの世の秩序を否定した。しかし神の秩序に従うために、神の定めた地獄へ行く覚悟は持っている。彼の犯罪は殺人罪だ。このくらいの殺人は日本でもいくらでもあるが、特異なのは彼がカトリックの信者だということだ。彼は二つの心を持っていた。神を慕う心と神に反抗する心だ。神が嫌ならさっさと神を捨てればよいのに捨てない。反抗することに意味があったのだろう。なぜ反抗するか。カインは顧みられなかったからだ。ピンキーもやはり神に顧みられなかったからだろう。

それは彼の生い立ちが原因だ。そこはネルソンプレイスというスラムだ。爆撃されたような地域と作者は表現している。窓ガラスは壊れ、トイレの悪臭が漂い、壁は剥がれ、屋根は雨漏るような地域なのだ。そこの住人はなぜか皆カトリック信者なのだ。ピンキーの両親もカトリックだから、彼には体臭のようにその宗教が身についていたのかもしれない。彼はそこを思い出したくもないと吐き捨てるようにつぶやく。彼の家は貧しく、一部屋しかない場所で教養もなかった両親は子供の前でセックスをしていた。

彼は十七歳で一人前の悪党面をしていたから、その生い立ちの途上で結構悪さをしてきたのだろう。多分家庭では父親が暴力的だったので、本人も気が荒くなり、中学ぐらいの時は、腕力は大人も負けるほどになったのだろう。父親に反抗し暴力をふるうこともあって、さっさと家を出たのではないか。現代のどこにでもある話だ。

それでも小さい時はちゃんと教会に行き、神父になろうと考えたこともあった。ただ、それは両親からあからさまなセックスを見せつけられていて、幼いなりに男女の性に嫌気がさしていた、といった雰囲気が動機だったかもしれない。そういった生い立ちだからローズとの出会いや関係もすごくぎこちなかった。女が嫌いで、一人でいたいのだった。彼女とのかかわりで居心地の悪かった理由の一つには殺そうという下心もあったからだ。

自殺に行く道すがら、彼はカトリック信者としてぞっとすることすら考えていた。車の中でつぶやくのだ。「神父様、わたしは二度も人殺しをしました。おまけに女の子が一人自殺したのです」。このように告解すればどんな罪でも赦《ゆる》されるから良心は痛まないのだ。世俗的には、完全犯罪だから絞首刑にもならないし、少なくともあと六十年は生きられると計算しているのだ。これは告解の悪用だ。あるシスターは告解するとほっとした安堵感があるとも言っていた。

彼はこれほどの悪なのだが、二人ともスラム出身で、宗教も同じカトリックだ。多分二人とも貧しいから中学校か高校でおしまいだ。ローズは多分成績も良くなく、あるいは貧しいゆえに良い仕事にありつけず、ウェイトレスをしているのだろう。収入は少ないが、それを貧しくて気難しい両親に差し出している。仕事でミサに行けないこともあると嘆いていた。ピンキーも似たり寄ったりの生い立ちだったのだろう。カトリックの信仰を持っていたのだから、ローズ的生き方もできたはずだが、いろいろ迷い悪に走る。

「このスラムは監獄と同様だ。金を手に入れるにもどこに行ったらよいかわからない。待合室で死にかけている男と消えてしまったストーブがあった」とピンキーが述懐するような、スラムの体験は地獄なのだ。地獄のような現実の中で生きていて、地獄を肌で感じる現実だった。天国など想像すらできない現実のきつい姿に地獄の相を思い描いていたのだろう。だから死ぬならそこへ落ちていくのだと覚悟を決めるのも容易であった。

この地域は政治的には空白地域なのだろう。すべてから見捨てられた場所なのだ。神を信じても生きるばねにはならなかったのだろう。貧しさには宗教も無力なのだ。ピンキーは神を信じていたが、神はなんの助け手にもならなかった。スラムではすべてが貧しく、まともな方法では金を十分得ることは不可能だろう。何とかして這《は》い上がるのには悪の道しかなかったのだ。ローズは同じスラム出身としてそれを理解した。彼は悪党の大物、コリオニ以上にえらくなりたい欲望を持ち、悪党になるのだった。それにピンキーは非常に頭が良く先の見える人間と書いてあるから、そういった才覚が災いしたのかもしれない。貧しさが嫌で、学問がなくても金になるのは悪しかなかったのだ。悪の道でも完全犯罪で容易に金を稼げると思ったのだろうと推測できる。

すごく気の強い性格だったので、少年ながらおどし、たかり、ゆすりなどを重ねてそれなりにハクを付けていったのだ。最後にカイトの子分になったのだが、カイトは見どころがあると判断して、仲間に誘ったと同じ仲間のダローは言っている。ただ、まだ少年なのにカイトの死後は自分が頭のように振る舞うことにダローは反発し、しかもローズをも殺そうとすることには反対で、ローズを助けるためにピンキーを裏切るのだ。

ピンキーのことをストーリーでは〈少年〉、〈少年〉と目障りなほど何度も言っている。ダローも反発しているように仲間を束ねるのには若すぎるというようなことも言われている。あまりにも感受性の強い一人の少年が、貧しい環境から、配慮のない両親からひどく傷つけられ、突っ張って背伸びして自己を肥大化させ、悪党であろうとしたのだろう。最後に硫酸を浴び、悲鳴を上げながら一人の小学生になっていくという表現がすさまじい。

再びカインについて考えると、カインは神に背くことと殺人との二つの罪を犯したが、ピンキーも同じだ。人間は神を信じていてもいなくても、やはり罪の中にいると感じる。パウロが言うように、人は行いによっては義とされないのだ。人間には罪の血が流れ、罪を犯す存在だ。神に反抗し、犯罪をするのが人間なのだ。

誰でもが罪を犯す中で顔役のコリオニというのがこの小説では最大の悪だ。合法的に犯罪をするから、捕まらない。これは現代にも言えるわけで、資本主義というのは合法的に搾取する構造だから、経済論理としては正しくても、倫理的には弱い者いじめの主義だと言える。ピンキーなども前で見たようなスラムという資本主義の構造の犠牲者だとも言える。

3　ローズのストーリー

ローズは家を飛び出すにはおとなしい娘で、ささやかな稼ぎが一家の大きな収入だった。ピンキーに出会って変わっていく。

彼女の鼠《ねずみ》のような頭、骨ばったからだ、みすぼらしい洋服、それらを見てわれ知らず身ぶるいしたとピンキーはローズを評価している。スラム出身のもてない子として貧しいウェイトレスをしていたのだ。彼が殺す目的で近づいてきたのに、自分が好かれたと思い有頂天で、大罪を犯していくのだ。彼女も宗教よりも男が良いのだ。大罪を犯しピンキーの片棒を担ぐのだった。

ピンキーが自殺してから告解に行く。カトリックでは告解すれば罪は赦される。だがローズは告解もせずに、自分の思いを司祭にぶつける強い女になっていくのだった。

司祭に対して、ローズは一緒に自殺しなかったことを嘆くのだった。自殺しても地獄でピンキーと会えるかどうか判らなかったからだ。今はそれを後悔している。ローズの落胆に対して、司祭は大罪を犯して地獄へ行った人の話をする。その人は地獄に行った人を慰めるのが目的だった。それゆえに、その人を聖者と考える人もいる。そこにあるのは神の恵みの異様さなのだ。だがそれは誰も持っていないような大きな愛なのだ。

そういったことはローズには無理でも、教会は神がいかなる人も神の恵みから見放されていると考えることを望まない。希望を持って祈りなさいと勧める。ローズが赤子がいるかもしれないと告白すると、司祭はその赤ん坊をピンキーのために祈る聖者にしなさいとアドバイスし、ここにローズは生きる希望を持つ。

　帰宅途中、突如ローズの心に起きたのは、彼が存在していたことと、自分が一つの生命を抱えているという確信だった。ピンキーの命を感じ、それを抱いていると思うと何か勇気が湧いてくるのだった。

　そのように生きる勇気が湧き、ローズは、ピンキーの存在の証として、彼の肉声が刻まれたレコードを探しに、彼と過ごしたアジトへ行く。だが、そのレコードから聞こえてきたのは虚偽の愛だった。ピンキーはローズを騙《だま》して殺そうとしていたことをはじめて知る。彼女はピンキーをずっと愛していたが、ピンキーの本当の心をこの時点で知るのだった。

　このことがこの小説の最後に書かれた「いっさいのなかでの最悪の恐れ」だったのだ。そこで小説は終わ

る。だが、この言葉は余韻に満ちていて、私なりにその余韻を言語化した。

ローズはピンキーの部屋を後にするが、絶望しない。地獄しか信じられず、ローズをも自殺を装って殺そうとするなど、ピンキーは徹底的な悪だった。だが、そうとしか生きられないという事実の中に確かな彼の命があったのだと、ローズは確信したのだ。ローズに対しては偽りではあるが、それもまた一つの愛の形だったのだ。そういう否定的な生き方の中にピンキーは生の足跡を残していったのだ。そのような追憶としてのピンキーの生命と共にあるのが今の自分であり、彼の命を感じ、抱いているのだ。それに、赤子も出来るかもしれない。レコードの中には彼の肉声が、存在があるのだ。このようにしてローズはピンキーとの繋がりを生き生きと感じているのだ。それは誰も否定できないローズの誇りなのだ。

ローズは自殺し果てたピンキーに対する自らの責務として、生き方として、この世界から地獄に届く祈りを捧げるのだ。それは地獄のピンキーの罪の重さを癒す祈り、神へのとりなしの祈りだ。

このために二人は出会ったのだ。これが神の慈悲なのだろう。ローズとピンキーは祈りを通して現世と地獄で繋がっているのだ。ローズは心でピンキーに寄り添い、地獄に落ちた男を愛する少女なのだ。なんとも奇怪な愛の形なのだが、こういった愛もあるのだろう。ローズのとりなしの祈りによって、神はピンキーを煉獄の片隅に留め置くかもしれない。

4　ナルシシズムについて

ピンキーは典型的なナルシストなのだろう。ナルシシズムとは自己愛のことだ。二〇一九年、登戸《のぼりと》で二人が殺され、十数名が怪我をした事件があった。犯人はナルシストだと思う。満たされない思いをその行為を通して実現してしまう。ピンキーは貧しくて、自己実現は犯罪しかなかった。

心理学者エーリッヒ・フロムは、人間は自分を愛さずには生きていけないと言う。生存本能だ。グリーンのこの本では、ほとんどが曲者で、コリオニは最大の悪党だが、何時《いつ》でも無傷、アイダは娼婦ぽいが、興味からこの事件の解決を図る。人は自己実現のためにはいろいろするのかなと思う。ピンキーもそうだ。

だが、多くの人は抑制する。自分が不利になるからだ。しかしピンキーは抑圧的な父を超えるため、神への反抗、欲望充足等で徹底的なナルシストになる。ナルシシズムは生存欲、性欲と同じくらい強烈だという。ピンキーは、あまり性欲はなかったが自己愛は凄く強かった。人間が生存のために努力するのはナルシシズムだ。人間は本能の機能がほとんど失われているのでナルシシズムがその機能を果たすという。

ただ、個人の極端なナルシシズムは社会生活の深刻な障害となり得る。殺人を犯した少年の父母の手記である、『「少年A」この子を生んで……』という本では、Aは少年の時に同じ年頃の少年を二人殺す。殺したかったからで、殺すと性的に満足したという、凄く偏ったナルシストなのだ。秋葉原で七人を殺した人も、自己実現の極端な例だろう。Aは長く医療少年院にいた。また『まなざしの地獄』（本書11頁以下参照）で言及されている少年N・Nは連続ピストル殺人事件を起こす。この少年は貧しさが引き金で殺人を重ねる。これも極端なナルシストの例かと思う。

人は誰でも自己実現の方法を踏み間違えて、大変な犯罪を行う可能性があるが、現代日本ではピンキーほどの犯罪は常に存在する。自分の子供を虐待して殺してしまうなど、ちょっと信じられない世界にもなっている。

私たちが他者を配慮する社会になるためには、心をもっと育てなければならないだろう。宗教も一つの方法だが、一般の学校等では信仰ではなくて倫理としてキリスト教、仏教、神道、等を教育の場で生かしていくことが必要ではないだろうか。

（自己愛についてはエーリッヒ・フロムの『悪について』渡会圭子訳、ちくま学芸文庫、二〇一八年を参考にした）

4　怒りの眼差し

スタインベック『怒りの葡萄』（新潮文庫、上下、二〇一五年）を読んで。

世界恐慌と重なる一九三〇年代、機械農業の発展や、アメリカ中西部で深刻化した砂嵐や干魃《かんばつ》で所有地の耕作が難しくなり、また地主から土地を取り上げられるなどで、渡り農民が続出した。この本の主人公ジョード一家は、オクラホマを引き払い、仕事があると耳にしたカルフォルニア州にオンボロ車で苦難の旅の末、人間らしい生活ができると思っていた地に辿り着く。しかし、当時のカルフォルニアには、ジョード一家のような渡り農民が多く、労働力過剰に陥っており、農民は貧民キャンプを転々とし、農場主の言い値の低賃金で、桃を摘むなどの日雇い労働をするほかなかった。その賃金は一家を支えるにはあまりに安く、病気で子供の死ぬ家族がたくさんあった。

広大な土地が囲い込まれ、使ってもいないのに貸してくれない。しかも農場主は価格を維持するために取れすぎたジャガイモやオレンジを廃棄する。それどころか、飢えた渡り農民がそれらを拾えないようにガソリンをかけたり、川に流したりした。これを目の当たりに見ていた飢えた人々の目にはつのる怒りがあった。心には怒りの葡萄が実り、刈り収めの時を迎えようとしていた（下巻239頁の要約）。これが本のタイトル『怒りの葡萄』だ。

ここでは「怒り」という言葉に「wrath」を当てている。まりや食堂のアメリカ人ボランティアに聞いたところ、この言葉は非常に強い怒りを表すと言う。英英辞典を引くと反撃を起こさせるような強い怒りと書いてあった。この言葉は普通には使わないで、神の怒りと言うような時に使うそうだ。かなり宗教的用語なのだろう。

スタインベックは聖書をよく引用する。この場合もイザヤ書63章2節、3節が想起される。そこでは神の怒り（wrath）で非道な人が葡萄のように踏みつぶされると述べられている。渡り農民がそれほどの怒りを農場主に抱いていることを示すためにwrathを使ったのだろう。それは囲い込まれた膨大な農場を分かつように働きかける怒りであり、賃金の限りないカットを防ぎ、余剰農産物を獲得するための怒りであった。

同時に、著者はwrathを用いることで、この非人間的行為を行っている農場主に対して神の怒りが来ることを暗示しているのだろう。飢えている人がいるのに、価格維持のために捨てるその行為は許されないのだ。倫理的に彼らの行為は不正なのだ。その不正に対して立ち上ることが暗示されている。それが実った葡萄の「刈り収めの季《とき》を迎えようとしていた」時なのである。

このストーリーの後半で農民の怒りは限界に来る。刈り収めのために元伝道師のケーシーらは立ち上がって組合を作り、ストライキをする。しかし多勢に無勢で、潰しにかけた農場主の雇った自警団員によってケーシーは撲殺される。そこに居合わせた友人のトム（ジョード一家の長男）は自警団たちのあまりに理不尽な行為に怒り、その男から棍棒を奪い撲殺してしまう（同320頁）。

トムは以前にも正当防衛的な殺人を犯し刑務所暮らしをしていた。こうして再び殺人を犯すのだ。〝こんな風にストーリーを作らなくても良いのにな〟と、個人的には思ってしまう。だが、こういったすごく泥臭く、汚れている現実の人間の姿を、私たちに向き合わせるのが著者のすごい所なのだろう。

少しトムの弁明をすれば、トムはカルフォルニアに来てあまりにも非人間的な状況に「きも」が焼けていたのだった。少し例を挙げれば、家族のために一生懸命桃摘みをしても、その日がやっと食えるだけの賃金だ。収容キャンプ場ではほとんどの所でお湯が出ない。保安官は拳銃をぶら下げトムらを見下している。そんな劣悪な中で長男として一生懸命働き、耐えに耐えてきたが、知り合いのケーシーが犬のように打ち殺されるのを目の当たりに見て、切れてしまったのだ。トムは追われる身となりながら、農民運動に身を挺して行くことが暗示されている。母の心配に対して、どっちみち捕まれば縛り首だから、農民運動をして殺されても悔いはないと考えているのだ（同393頁）。

渡り農民のひどい状況が続く。これが一九三〇年代のアメリカ資本主義の世界だ。

トムのいないジョード一家も必死に生きていく。キャンプを出て貨車で数家族が生活するのだった。トムの妹シャロンの出産は死産だった。長雨が続き、その場所は危ないので母とシャロンや弟は高台の納屋に避難する。

そこには親子がいたが父親は死にかけている。父親は、少ない食事を子供にあげるために、自分は空腹でないと嘘をつき今や餓死寸前だった。子供は店からパンを盗んでも、もう父親の体は受けつけず、牛乳のようなものがあればほしいと訴える。

母親は娘の乳をあげることを考え、娘も了解した。嫌がるその人に乳房を出して、乳を飲ませるという奇想天外な物語なのだ（同446頁）。若い女が見ず知らずのおじさんに乳を与えるとは、この母親の人間愛の深さが伝わってくる。この困難を共に歩もうと、しっかり大地に根を下ろしているのだった。

この小説は、シャロンが顔を上げ、納屋の向こうを見て口を結び、謎をかけるように微笑んだ、で終わっている。これはシャロンが死にかけていたおじさんにお乳を与えている時の描写だ。シャロンのこの謎めいた微笑みは、赤子の代わりに死ぬ人を助けることができたことに対する安堵感だったのだろう。赤子の死は悲しいが、赤子のための乳で、餓死するかもしれない人を助けることができた。きっと亡くなった赤子も喜んでくれるだろう、と納屋の向こうにいる赤ん坊に微笑みかけたのだ。

渡り農民は資本主義社会の冷徹な論理の下で、こうした苦しい生活を余儀なくされ、必死に生きてきたのだろう。ある者は落伍し、ある者は生き延び、工場労働者などとして吸収され命を繋いで現代に至っているのが民衆の歴史だ。

5　イエスの眼差し——表紙の男とイエス

イエスの「眼差し」にふさわしい人がある本の表紙を飾っていた。それは『山谷——ヤマの男』（多田裕美子、筑摩書房、二〇一六年）という写真集だ。著者はカメラマンをしながら、まりや食堂の目と鼻の先の店「泪橋《なみだばし》ホール」を経営している。ご縁でこの本をいただいた。それは、私の日雇い時代から今に至るまで街で見かけたり、まりや食堂へお弁当を買いに来ていた山谷のおじさんたちの写真集だ。多分多くは亡くなってしまったかもしれない。

表紙の人は時々弁当屋の販売窓口の女性に対して議論を吹っ掛けたりしていた。たいがい酔っていたので、女性は奥にさがらせて、私がいつも対応していた。酔っても酒乱ではないので、比較的おとなしく、少し議論すると満

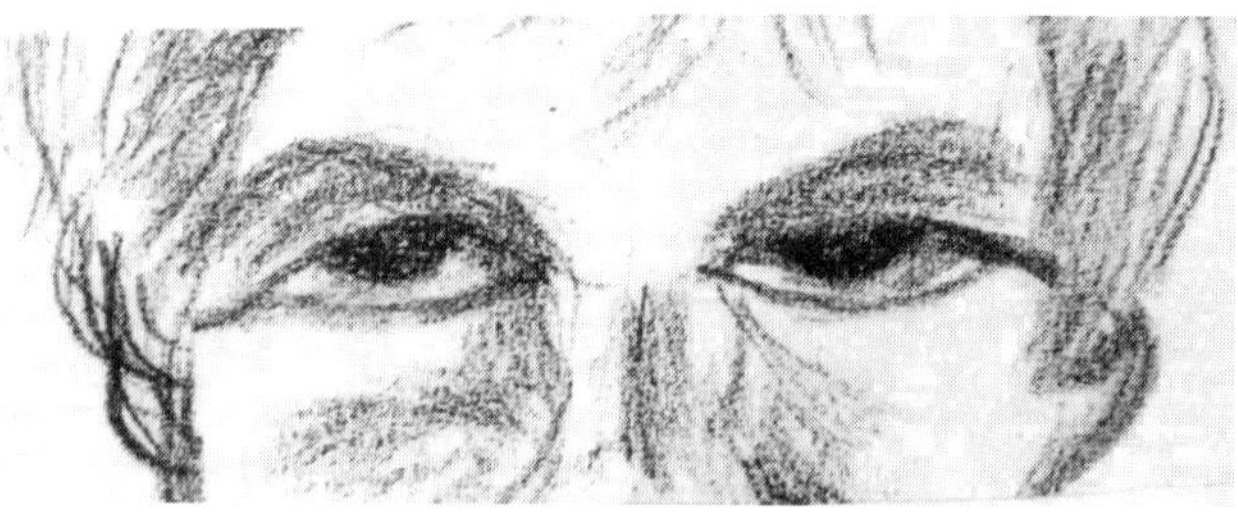

足したのか帰って行った。どこかでキリスト教もかじったのだろう、帰り際に「あなたがたに神のお恵みがありますように」と手を合わせて祝祷してくれた。

今回「眼差し」を主なテーマにして随筆などを書いている。眼差しをテーマにするならイエスも取り上げなくては不十分だ、と考えていた矢先にこの本との出会いがあったのだ。表紙の人はじっと人を見つめてはいるが、にらんでいるわけではなく、何かを問いかけようとする雰囲気を持っていた。この人の出すオーラは、福音書のさまざまな場面で立ち振る舞ったイエスのそれだ。きっとイエスはこの眼差しで論争をし、奇跡を行ったことが多かったに違いない。

少なくとも私の好きなマルコによる福音書のイエスには、のほほんとした雰囲気ではなく、一種悲壮さを漂わせて歩を進め、後戻りはしない覚悟が見られた。イエスの思いつめた様子に、家族はイエスの気が変になったと思うほどであった（マルコによる福音書3章21節、以下省略）。その最たるものは肉親の否定だ（3章31―35節）。こうして張り詰めた狂気に近いイエスの歩みには、もう戻る家も、慰める家族もいないのだった。

弟子のリクルートにおいては、イエスの一言が漁師を虜《とりこ》にしてしまう、気迫がイエスにはあったのだ（1章16―20節）。汚れた霊の場合には、悪霊は強力に反抗するが、神の国実現に燃えているイエスの激しい命令によって追い出される（1章25―26節）。ここではイエスのきつい形相が思い浮かぶ。

律法学者との論争（2章7、16節）、ファリサイ人との論争（2章24節）などは、四面楚歌で戦うイエスの姿が映し出されている。これらはみなあの表紙の男のような眼差しで振る舞ったのだろう。

表紙の雰囲気が一番伝わるのは、姦淫の罪で引きずり出した女をだしにして、イエスを陥れようとする人々を、はたとにらむイエスの目つきだ。人々はその圧力の前に戦闘力を失い退散する（ヨハネによる福音書8章1―11節）。

ユダヤ教徒が忌み嫌う徴税人や罪びとを、イエスはこれ見よがしに大勢連れて、共に食事をする（マルコ2章13―17節）、何にもまして安息日を守るユダヤの人々に怒りをあらわにする（3章1―6節）など、偏狭な宗教に対して、自分の命をかけ命の大事さを叫ぶイエスなのだ。この一切妥協のないイエスの生き方は同じユダヤ人の敵愾心《てきがいしん》をあおり、イエスの生き方を非常に狭いものにしている。イエスは当初から命を捨てかけているようで、当時の宗教的規則に逆らう徹底的なアウトローだったのだろう。やはり表紙の顔が似合う。

表紙の男なら嵐に向かって静まれ、と本気で言う一途さを持っている。人間も嵐も自然の産物なら、嵐など怖がらず向かって行くことが可能だと考えていたに違いない。缶集めしながら、嵐の中に立ち尽くし吹っ飛ばされ、せっかく集めた缶も四散したに違いない。

嵐に遭遇したイエスはどうだろう。今まで見て来たイエスはさまざまな攻撃に対して自らの主張に殉ずべく立ち尽くし、決して退散はしない。同じく嵐に対してもそこを突き抜ける激しさがあったのだ。それは今からイエスを襲うであろう艱難に対する、イエスの生き方を暗示している（4章35―41節）。

レギオン（5章1―20節）、そういったのは山谷にもいた。その人は何匹も猛獣を体内に飼っているような、強いエネルギーを放出していて怖かった。レギオンもそうなのだ。豚を二千頭も溺死させるほどの激しいエネルギーを持った霊なのだ。だが、イエスのひとにらみで従順になるのだ。イエスの神的エネルギーはものすごいものがあるのだ。無断で自分に触れた者を探す目つきにはすごみがあった。なぜならイエスのエネルギーが盗み取られたからだ（5章21―34節）。

弟子の派遣（6章7―13節）、これは悲壮だ。イエスはたくさんの敵を作り、そこへ弟子たちを宣教のために送り、しかも持ち物を厳しく制限して禁欲を強いているからだ。

逆らわないものは味方だ（9章38―41節）。敵が多いから少しでも味方を増やすのだ。子供は祝福され、金持ちは相手にされない（10章13―31節）。イエスは子供のような心だったのだ。山谷の人にはそんな純な人が多い。表紙の人もそうに違いない。

イエスは三白眼で予言する。神殿が破壊される、兄弟は兄弟を、父は子を死に追いやり、子は親に反抗して殺すだろう。わたしの名のために、あなたがたはすべての人に憎まれる。身重の女と乳飲み子を持つ女は不幸だ。太陽は暗くなり、月は光を放たず、星は空から落ち、天体は揺り動かされる

（13章3―27節）。

このように終末を見据えるイエスの重々しさは表紙の男が相応しい。二千年前のこの予言は今日の中東のさまざまな事件を思い起こさせる。現代のそういった現象はすでに現今が終末の入り口に近づいていることを予感させる。

イエスの逮捕の場面（14章43―50節）でも、この男の姿が目に浮かぶ。イエスは逮捕に驚きも恐れもなかった。自分の宿命をおもい定めた眼つきなのだ。同じことは中庭のペトロの事件（14章53―72節）にも言える。ペトロはイエスを慕い、大胆にもローマの軍隊のいる中庭に潜入し、焚火の隅にしゃがんでいた。女中に見破られ嘘八百を並べて、イエスの弟子でないと強弁する。そのようなペトロを見つめるイエスの眼差しはやはりその目だ。「いいんだよ、嘘をついて助かれ。お前には今からなすべきことがたくさんある」。

十字架に架《か》けられたイエスはやはりあの顔だ。イエスは自らの思いを貫き、死んで行く自分を淡々と見つめている（15章25―32節）。

だが、謎めくはあの最後の言葉だ。

「わが神、わが神、なぜわたしをお見捨てになったのですか」（15章34節）。

あの表紙の目つきにはふさわしくないセリフだ。あの男は死が迫っても、こんな弱気を吐いてあたふたする男ではない。

イエスは最後に弱さを吐露する。無様な姿で死に向かっている自分を恐れ、ふり絞るような言葉にイエスの絶望が映し出されている。絶望とは怖い言葉だ。神に完全に捨てられ、罪びとの頭《かしら》とされたイエスの絶望だ。人類の罪を背負うとはこういった死に方なのだろう。そしてあの表紙のような目つきですべてを任せ、死んでいったのだ。

6 ヌヌの眼差し（ガラスの心）

なぜこの本を選んだか？　私は読書礼拝で使う本をよく新聞やネットの書籍紹介欄から選ぶが、幼児殺しの『ヌヌ――完璧なベビーシッター』（レイラ・スリマニ、松本百合子訳、集英社文庫、二〇一八年）も載っていた。ちょっと興味が湧き、買おうかどうか迷って、暫《しばら》くほっておいた。その間に老人を十九人殺した事件があった。これはひどい犯行だ。おぞましい事件としては献品の中にあった、『少年A」この子を生んで……』がある。その少年は猫を解剖したり、刻んだり、最後には同年代の子供を殺してしまうのだ。ちょっと目を通しただけで読むのが嫌になる本だった。

そんな時間の流れの中で、新聞の書評欄に再度『ヌヌ』の紹介があり、その本からの引用文に目を奪われた。

「もう誰も愛せなくなってしまったと自分でも気づいている。心に満ちていたやさしさはすべて使い果たしてしまった。……愛することができない罪で罰せられるのだろうと。（243頁）」

私はこの言葉に惹かれこの本を買い、内容を読む前にまずこの箇所を読んだ。非常に印象に残る言葉で、さまざまな連想が頭を駆け巡った。

介護殺人のことを考えた。それは介護でクタクタに疲れ、心に満ちていた優しさを使い果たして、身内を殺して罪に服してしまう悲しい出来事だ。まさに愛することができない罪で罰せられたのだ。

報道によれば、介護に疲れた夫が認知症の妻を、あるいは妻が夫を殺害。認知症の母は一人では生活が難しく、息子は世話のために仕事をやめる。手持ちの金を使い果たし無理心中を図るが、息子は死に切れなかった。これらはほんの少しの例に過ぎない。現実社会には介護の疲れからさまざまなケースの介護殺人があるようだ。

この本の言葉が心の糸に絡まったのは、私自身の心にも淀んでいるものがあったからだ。

前の本（『この器では受け切れなくて――山谷兄弟の家伝道所物語』及び続編）にも書いたように、ドブに捨てるような愛が無いと山谷ではやれなかった。本当にこちらは何も見返りを求めないでお世話をするが、それどころか、やることによって逆に噛みつかれることもあった。野宿者とかアルコール依存症者などをさまざまに支えてもあまり効果がなかった。アルコール依存症者の世話をすると逆に依存されて、断ると結構強い暴力をふるわれたりした。山谷のまりや食堂の場合でも、いろいろ苦労して低廉の食事を提供して生活の厳しい人たちを支えていても、一部の人たちからしつこく妨害を受けたりした。それらによって、心に満ちていた優しさは、すべて使い果たしたわけではないが、この『ヌ』の気持ちがよく理解できた。本当に優しさが涸《か》れたらもうやれないなと思う。

ただ、私たちの視点は人間愛、ヒューマニズムではなくて宗教愛の実践であり、聖書の「愛は忍耐強い。愛は情け深い。ねたまない。愛は自慢せず、高ぶらない」（コリントの信徒への手紙一13章4節）は、まだ涸れてはいないと思う。私が山谷で働くのは、山谷の個人に強く惹かれているわけではなくて、山谷で伝道せよという召命感から来ている。ただ、その働きの中で個人的繋がりができて世話などをしていると、世話する方も世話される方も、本当に大変だなと感じる日常の中でいろいろなトラブルがある。人間同士のかかわり合いだからさまざまな確執はやむをえないが、私にはヒューマニズム（人間愛）だけではやりきれないなという思いの中で、神の召命感をガソリンにして今を歩んでいる。

そういった歩みだが、永伊さん（山谷のおじさん、仮名）との関係は私の方が少し危険かなと思っている。それは心に満ちていた彼に対する愛が涸れるかなという怖さを感じるからだ。二十年以上かかわってきた。当初はとてもひどい状態だった。アルコール三昧の酒乱で、ドヤ（簡易宿泊所）で徘徊《はいかい》とか、部屋を壊すとか、滅茶苦茶で、本当ならもう死んでいてもおかしくないくらいだった。ドヤからは始終苦情が来て尻ぬぐいをしたり、頭を下げたりしてきた。それでも愛は涸れることなく、必要なことはやり切ってきた。今は大分体も弱ってきたし、シアノマイド（酒を飲むとまずく感じる、酒を飲めなくする薬）の薬も飲んでいるから酒は以前ほどではなくなってはいる。

ところが今回前日にお酒を飲んで大事な検査をすっぽかし、書類もなくしてしまった。翌日注意すると、書類はもらっていなかったから行けなかったと私が悪者になり、大体飲んだ次の日は気が荒くて、食ってかかるから、余程ぶん殴ろうかと思ったくらいだった。

こんなにも心配して、病院の手配も自分ではできないから、私が全部したのに、しかもこうした不愉快なことがあっても、ほっとけないからまた急いで病院に電話をして、予約を取り直さなくてはならないのだ。しかし、こうやって逆ギレされると、その人が若干の知的障碍者でも、もう愛が涸れてしまうのかなと感じてしまう。

そういった事情であの言葉「心に満ちていたやさしさはすべて使い果たしてしまった」が非常に気になったわけだ。本当に、「愛は忍耐強い。愛は情け深い。ねたまない。愛は自慢せず、高ぶらない」、これらの御言葉が苦難に晒されている思いだ。もう、この言葉を実践する勇気が失われそうだ。それらが涸れてしまったら地獄なのだろうと感じる。

施設で老人をベランダから投げ殺した事件があった。はっきりした原因はわからないが、何かその人は強いストレスを殺した人に抱いていたようだ。入院している人は大抵精神的な弱者だから、何事も受け入れないとやっていけないのだが、きっとその人は耐えられなかったのかなと思う。そういう点で人間というのはとても厄介な生き物だと感じる。人間の感情は知性を超える快・不快・憎悪などに支配される怖さがある。

多くの人はさまざまな社会的関係から怒りの感情の直接行動を抑制し、その感情を心の奥に抑え込んで生きているのだと思う。だが、人にはベランダから投げ殺した人と変わらぬような強い憎しみの感情が、心の底に隠されていないと断言できないだろう。人間の心の闇は本当に恐ろしい、とやりきれなくなる。永伊さんの場合でも精神的な病気だとわかっていても、前で述べたようなことが繰り返されると、こちらの心も痛み、なかなか元に戻らないような傷になってしまう。嫌なことだが、そういった思いがこみあげてくることも言っておかねばならないだろう。その点で、人間の世話は決してきれいごとでは済まないというのも事実だ。ただ、人間には時間が過ぎれば癒されるところがある。さまざまな傷つきは忘却によって癒されるので、忘却は人間にとって必要な装置ではないのかなとも思う。さきに引用したこの本の最後の言葉から私の体験や考えたことを述べたが、これから本論に入る。

この本は幼い子供二人を殺してしまったヌヌ（この言葉は幼児語でベビーシッターを指す）の物語だ。その殺人にはいろいろな動機があったようだ。冒頭幼い子供を殺す描写があり、もう本を閉じたくなる。

それから追憶という形で以前のことが書かれている。

ミリアムという女性が外での仕事のためにヌヌを雇う。名はルイーズ。完璧なベビーシッターで、両親は一目ぼれ。履歴書には子供と夫がいると書いてあるが、面接の時点では小さなアパートで独り暮らしのようで、夫はもう亡くなっていたのかもしれない。彼女のおかげで部屋は見違えるようにきれいになり、料理もうまい。子供へのおとぎ話は泉のように湧いてくる、ルイーズは天才的な遊ばせ上手なのだ。

ところが人間は本当に身勝手なもので、時が経つにつれ、ミリアムは仕事から疲れて帰ってくると、子供たちとルイーズが賑やかに振る舞っているのが目に付き、少しげんなりし始めた。ルイーズはルイーズで、できるだけ早く来て遅く帰り、週三回はこの家に泊まる。泊まるのは両親が残業などで遅いからだろう。多分もうルイーズの夫は亡くなったようで、アパートはわびしいからこの家はルイーズにとって、とても良い場所なのだ。

ところが悲劇の一か月前に隣の人に、「借金が大変だから仕事がないか」と頼むというようなことがあった。何かルイーズが追い詰められているようだ。

借金の原因が時間を遡って書かれている。まだ夫が生きていた時のことだ。夫のジャックは病気で、ルイーズは不満がたまっていたようだ。ルイーズは完璧な外面人間で、家では自分の好きなようにやっていた。ジャックが亡くなって、彼の借金を抱え、アパートも出ないといけないので、思い余って街をさまよっていた。非常に孤独だったのだ。

新しく借りたアパートの環境が非常に悪い。そこは白人が借りないような地域だ。一つしかない部屋は汚くて、カビが生えている。シャワーもこわれている。だからルイーズは外側は完璧でも、実際はそういう環境と金銭問題で身も心も疲れていた。追い詰められ、妄想性鬱病で三日間べビーシッターの仕事をすっぽかす。

三日後にミリアムの家に行けば、子供たちは自分の胸に飛び込んで来るが、夫婦はよそよそしくなり、やめなくてはならないかもしれないという思いで、心が固くなり、感動するものがなくなったと書いてある。

そんな状況で、ルイーズはもう子供と遊べなくなってしまい、子供に話す童話の物語も出てこなくなってしまった。完璧主義だから、やりたいのにやれなくなると、すごく苛立《いらだ》ってくるのだ。もう心は強《こわ》ばっている。そういった中で、誰かが死ななくては幸せは来ない、という言葉が頭に住みついた。そういう時に、自分の世話する人がいなければ、愛する必要はなくなるからと突発的に、子供を殺してしまったのだ。この人はもう愛そうという気持ちが壊れてしまったのだ。

この事件の調査で、ルイーズが前にヌヌをしていた子供からの聞き取りがあった。エクトール少年は警察に対して、ルイーズの愛は「ふり」だったと言う。彼には何となく判るのだ。「ふり」が徹底しているから、よそ目にはよくやっているように見えるが見抜いていたのだ。ルイーズは完璧主義者だったのだ。

だから、エクトールは警察で事件を聞いても、驚きでもショックでもなかった。彼には巨大で苦しい安堵だった、大きな喜びでさえあった。まるで常に危険に晒されているのを判っていたかのように。悪魔のような、言葉に尽くし難い怖ろしさを感じていたが、その不幸は他の子供に襲いかかったのだ。自分にもそういう可能性があったのに、可哀そうに他の子供に行ってしまったと言う。この子はきっとルイーズの完璧さの中に狂気を見ていたのだ。

このストーリーのようなことは世間にも、私の周囲にもあるのだ。「使い果たした」結果、さまざまな悲劇が世界にあるのだろう。その点ビジネスで割り切れるなら、それはそれでいいだろう。お金をもらい、その代価としてお世話をする。多分この関係の方がすっきりしてよいかもしれない。でも、お金をもらっていても二階から投げ落として殺人を犯す人がいた。このヌヌだって報酬をもらい、面倒を見ていたのだから殺さなくてもよかったのにと思

ってしまう。多分、社会のさまざまな局面——特に弱さを抱えたところ——のどこにおいても愛の葛藤があるのだろう。私たちは聖句「愛は忍耐強い。愛は情け深い。ねたまない。愛は自慢せず、高ぶらない」（コリントの信徒への手紙一13章4節）を少しでもかじって心の弱さを乗り越えていく必要があるのではないかと思う。

7 キャシーの眼差し

二〇一七年のノーベル文学賞受賞者、カズオ・イシグロの本『わたしを離さないで』（土屋政雄訳、早川書房、文庫版二〇〇八年）は何とも不気味な本だ。淡々とストーリーが進んでいく。何気なく読んでいると何も気づかない。二度目に読むとそのグロテスクさが眼前に迫る。食事をしながら読んでいたら気持ち悪いので本を閉じてしまった。

私にとりこの本の一番の気がかりは、彼ら、彼女らが何の抵抗もなく、自分の運命を受けいれて提供者として去っていくように書かれているが、本当に羊のように従順であったのだろうかということだ。それで丁寧に読み返してみた。

この本は、介護人キャシーが過去を追憶する形で、物語が展開する。提供者は回復センターで養生する。彼女の上手な介護で提供者の回復も早いが、中には三回目の提供で終わる人もいる。

最初、提供者とは何だろうと思った。それは臓器を提供するもの、人間の形をしたクローンのこと

なのだ。それらは人権も何もなく医学の必要に応じて臓器を取られる。そして、回復センターで介護人が臓器を提供した提供者の回復の世話をし、最高で四回まで臓器をむしり取ろうとする。

まず、追憶としてキャシーも育った学園での生活が淡々と書かれている。試験管で生まれ、小さい時からこの学園で成長し提供者になっていく。提供者とは非常に怖い言葉だが、子供たちには曖昧に伝えられている（49頁）。

この学園にマダムという人が時々訪れるが、ここの経営者の一人だ。彼女は子供たちの描いた絵を売っているらしい。それなのに、マダムは子供たちを非常に恐れている。蜘蛛の嫌いな人が蜘蛛を恐れるように、恐れていたとキャシーは言っている。そのような出来事によって、キャシーははっきりと自分が何か得体の知れない存在であることを認識する（58頁）。

そのことをこう言っている。

「外にはマダムのような人がいて、わたしたちを憎みもせず害しもしないけれど、目にするたびに『この子らはどう生まれ、なぜ生まれたか』を思って身震いする。少しでも体が触れ合うことを恐怖する。そのことがわかる瞬間、初めてその人々の目で自分を見つめる瞬間――それは体中から血の気が引く瞬間です。生まれてから毎日見慣れてきた鏡に、ある日突然、得体の知れない何か別の物が映し出されるのですから」（60頁）。

学園では、クローンも外見は人間の子供だ。だから「あなたがたは提供者だよ」という教育を受けてきて漠然とはわかっていても、子供だから実感がない。だが、こうして現実に非常な嫌悪感で見られていることがわかった時に、自分が人間ではなくて、何か違う「物」だと気が付いたのだった。それを著者は「者」ではなくて「物」と表現している。子供たちは人間に臓器を提供する生きた「物」に過ぎなかったのだ。

子供たちが生活している学園では「坊ちゃん、嬢ちゃん」と呼んでくれる庭師や配達人（59頁）の眼差しによって、心身共に彼らと同じ人間だったのだが、キャシーはマダムの眼差しによって、心身共に「物」になってしまったのだ。

学園に足止めしていく方法としては恐怖があった。それは噂話という方法が取られた。学園の裏手に森がある。学園から逃げ出した子供が手足を切られてそこで発見されたとか、女の子の幽霊がその森をさまよっていたとか（80頁）、子供が怖がるような話で縛り、脱出できないようにしているのだった。多分それ以外でも監視カメラとかでしっかりと管理されているのだろうと想像する。

この学園生活を通して、提供者の姿がどんどん明らかになる。

異常なほど始終健康検査が行われ、特別な生徒だというので体の内部の健康を保つように先生から言われる。そういうことを通して、子供たちの頭に提供者であることを少しずつ摺り込んでいく。

驚くのは、このクローンたちには生殖機能がないことだ。セックスはできるが、子供を作る能力はない。生徒たちがもう大きくなって、フリーセックスができるということと、提供者であるということをないまぜにして、先生は説明するのだ。つまり、若い人の興味のあるセックスで引っ張りながら、提供がいかに崇高なことであるかを、長い時間をかけて洗脳していく。提供者は皆若いうちに死ぬので猛勉強する必要もない。家畜は太らされてから食われるが、クローンにはセックスを楽しんでもらってから、人間に食われるというブラックユーモアだ。

高校の卒業近くになり、先生は言う。あなたがたの人生は決まっていて、老年はない。間もなく臓器提供が始まる。それが使命です。将来は決定済み。見苦しい人生を送ってほしくない（127頁）。

これが教師の生徒を見る眼差しなのだ。このように激励を受けて、生徒たちは卒業し提供の訓練に入るが、皆笑い顔で訓練に行くと書いてある。笑い顔でというのが悲しい。病院側は、高校卒業の年齢なら若くて健康な臓器が取れるから歓迎だ。生徒たちは、クローンとして病院の仕事を手助けし、人命を救う崇高な使命だと洗脳されているので動揺はないのだろう。

卒業後提供まで時間があり、ポシブル親を探しに行こうとなる（213頁）。ポシブル親というのはクローン複製元の可能性のある人のことだ。自分は誰かの皮膚の一かけらから作られたクローンだが、誰がその皮膚を提供したかを探そうというのだ。

その会話を通して明らかになったのは、皮膚を提供するのは生活の厳しい人たちだ。その理由は多分彼らは皮膚を提供してお金をもらっているのではないかと私は推測した。ある子供らは自分たちを卑下して、普通の人はクローン用の皮膚の提供者にはならないから、ゴミ箱や下水道なんかにポシブル親がいると言う。それでも尊敬されるのは提供者として人間に貢献するからだというのだろう。

提供者の中で、キャシーとルースとトミーは三角関係にあり、いろいろ物語が展開する。このあたりで面白いと思うのは、生殖能力が無いだけで、感情は普通の人間と同じなのだ。そういう感

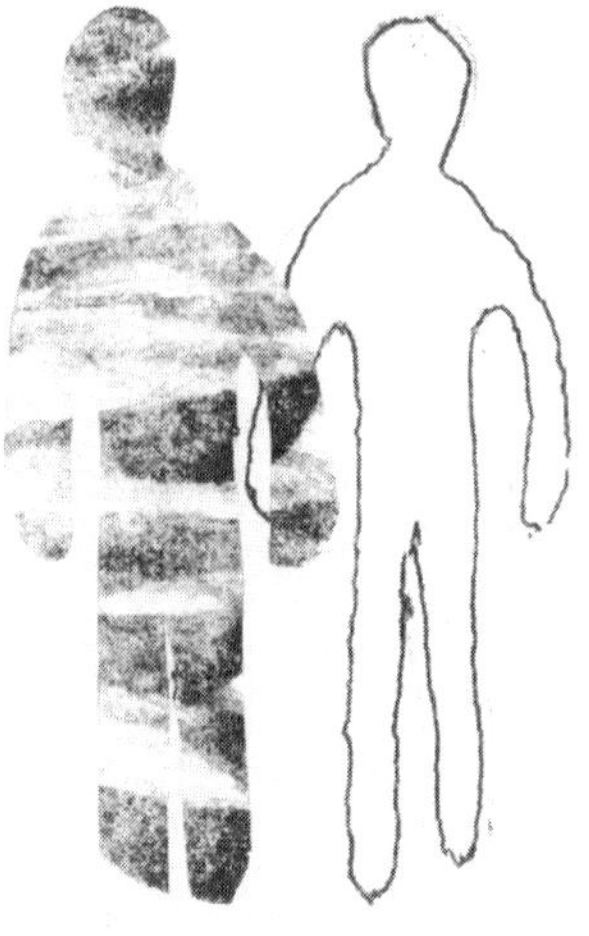

情があるのに臓器を提供する存在だというのが不気味だ。そのルースは二回の提供でもう調子が悪くなって去って行く。そこでは「死ぬ」という言葉を使わない。「去る」とか「もういない」とかだ。これも考えてみると怖いことだ。クローンには死という言葉はないのだ。それは誕生もないからだろう。

　学園の噂では、本当に愛し合っていれば提供を数年延ばせるらしいので、キャシーとトミーはルースの探してくれていたエミリ先生とマダムのところに行くが、それは単なる噂だった。また絵の上手い人は延ばしてもらえることも噂に過ぎなかった。トミーとキャシーは愛し合っているので、少しでも生き延びたいと考えていたが、その努力も水泡に帰した。二人はクローンの置かれている状況の打破を図ったのだったが、「トミー、あなたの人生は、決められたとおりに終わることになります」とエミリ先生は残酷な宣言をするのだ（406頁）。

　ルースはすでに遠くへ去った。トミーももう三回目を終えている。四回以上はできないという。四回目はもう死亡宣告だ。

トミーは延期のないことを聞いた帰り、非常に興奮して騒いだり、わめき散らしたりして、このどうにもならない自分の境涯を打ちたたくのだった（419頁）。クローン人間はここでは生殖能力がないだけで、登場人物はまったく人間と同様の感情を持って振る舞う人々として描かれている。

キャシーの眼差しによっていろいろなことが明らかになる。

絵画などの制作は、魂の成長のためと、また支援者に見せて、クローンが人間以下でないことを示して、寄附を集め、ましな施設を作るためだった。

それまではクローンの扱いは劣悪で、クローンは人間ではなくて、医学のためのものだとして臓器が取り出され使われていた。試験管で作られた得体の知れない存在としてクローン人間はすべて医学のための存在だった。

マダムなどが少しでも人間的扱いをしたいと思ってこの運動を起こし、彼女らがクローン人間の待遇を改善してきた。ところがあるスキャンダルでこの運動が潰れて、今はもうその学園はなく、政府が運営する昔ながらのひどいホームしかないのだった。

マダムがクローンに同情的なので、マダムが学園に来た時、キャシーの歌に涙ぐんだ理由をキャシーは聞く。

キャシーが枕を抱いて「わたしを離さないで」と歌っているのに涙ぐんだのは、今の新しい時代には新しい治療方法によって、クローンが臓器を取られ死んでいく。キャシーが思い描いていたのは古い世界で、そこから離さないで、と歌っているように感じたのだった。古い世界なら臓器移植もなかったから、クローンも臓器を取られないのだ。それにクローンの存在もなかったかもしれない。現実はキャシーも提供者として臓器を取られ死んでいく定めなのだ。それでマダムはこの子らはかわいそうだと涙したのだ（415―416頁）。

マダムは正直に、「自分には助けられない、胸が張り裂けそうだ」と心情を吐露する。クローンも外見は人間で、人間の感性があるから、この感情は判る。マダムの眼差しはクローンの宿命を憐れみ悲しんでいるのだ。

クローンは政府の機関によって管理され、逃げられないようにされているのだろう。具体的には書いていないが、脱出は不可能で、皆潔く使命を全うすべく病院などへと送られていくのだ。十七歳で学校を出て十年も生きることなく、みな臓器を抜かれ死んでいくのだ。

トミーは四回目の提供で去り、キャシーは気持ちを落ち着かせるために海岸へ行く。そこで見た光景は殺伐としていた。海岸から飛ばされたあらゆるゴミが、畑にめぐらされた有刺鉄線に引っかかって絡みついていたのだ（438頁）。これが非常に印象的だった。

この光景こそクローンの現実だったのだ。人としての心や感情を持っているのに、私たち人間の利益のために産み出されたキャシーたち。クローンは使われた後は単なるゴミなのだ。いや、最初からゴミだったのだ。前で述べたがクローンには生という言葉も死という言葉もない。試験管などで化学的に作り出されたので人間的誕生ではない、だから人間のような死もない。墓もない、住所も、個人番号もない。使命が終わればまさにがらくただ。有刺鉄線に引っかかっているビニールなのだ。

　このキャシーも来年は提供者になっていくのだ。

　この小説の時代では、クローンより奴隷の方がまだましだ。奴隷は肉体を搾取されても臓器を抜かれることはないからだ。現実の世界でも生体でいろんなことがなされている。プラスの面もあるが、マイナスの面もある。人工授精等の多産胎児の減胎手術とか、出産前の検査で危ない病気があれば中絶とか、男女産み分けとか、臓器の売買もある。動物を使って臓器を作るとか、ｉＰＳ細胞で臓器を作るとか、亡くなった方からの提供を受けて臓器移植などが盛んになっている。このように医学の進歩は華々しいが、恐ろしさも感じる。だが、人間の知識欲はこのような生命倫理を超えるような科学の進歩を追い求め続けるのだろう。イシグロのこの小説はそういった人間が操作する生命に関して医学や人間中心の医学の在り方にも一石を投じていると思う。

　創世記１章27節では神が人間を創造するが、クローン人間は人間が作り出すことによって、人間の誕生は今や生殖細胞の結合だけではないことを示している。

今から五十年百年経つ頃には、ＳＦではなくて人間の知恵によってクローン人間が誕生するだろう。宗教本気でクローンの人権等が憲法の下でどのように保証されるかを考えなくてはならないだろう。宗教においても、クローンの魂の救済とは何かと考えることが必要になって来るのではないか。

現実のこととしては、現代の労働者はクローンのようだ。労働者は臓器を提供しないが、肉体は提供して企業で働いている。その何割かは非正規労働者としてやっと生きているのではないだろうか。そして使命を終えるまで働き続け、使命を終えれば乏しい年金等で老後を生きなくてはならない。もっと厳しいことが山谷の日雇い労働者にも言える。肉体労働力を提供し産業の下支えをし、何とか人生を生きていく最中で、ある者は労災で死に、ある者はアルコールで早死にし、ある者は野宿になり、ある者はうまく生活保護者になって生き延び、老いて病院等で一人寂しく使命を終えている。

ヨブの眼差し（反抗と信従）

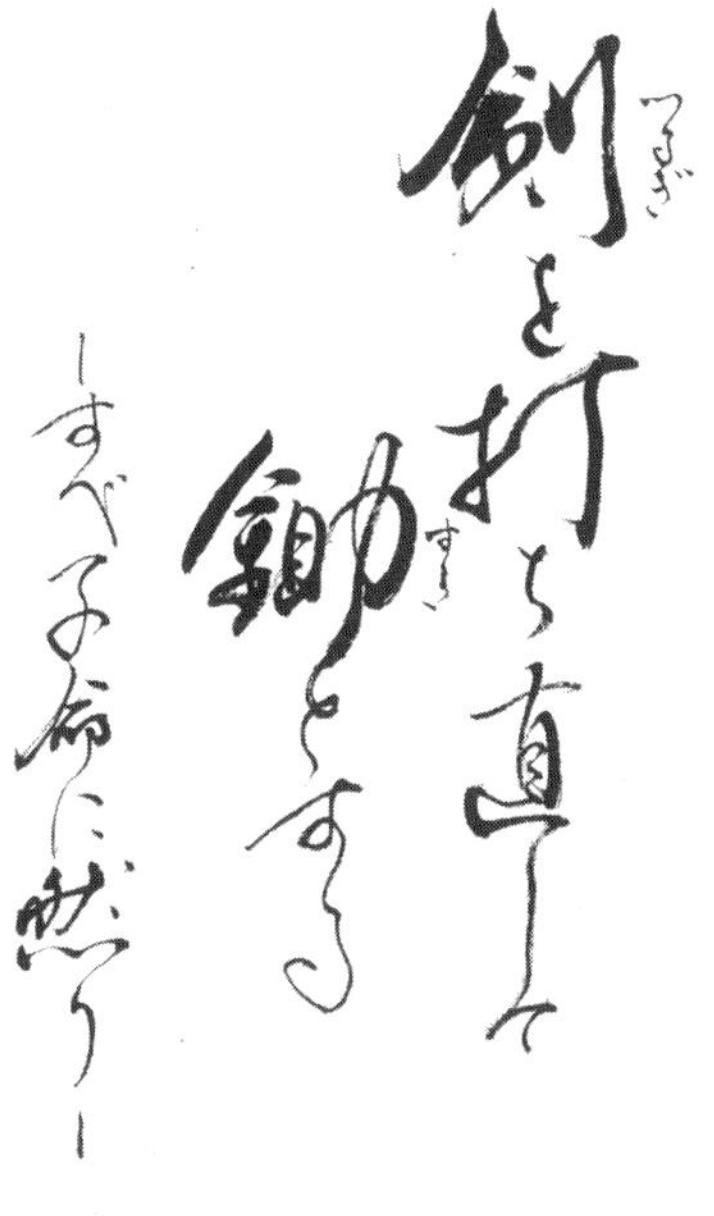

序

第一回目、第二回目のヨブ記黙想を『この器では受け切れなくて――山谷兄弟の家伝道所物語』及び続編で述べた。第三回目のヨブ記黙想は人間ヨブを書きたいと思う。神の思いに翻弄され、そこでも頑固一徹に自分が学んだ神学の因果応報に生きるヨブの姿を求める。

私が三度目のヨブ記黙想を書くのは、書くたびに、御言葉を通して心から込み上げてくる思いが、一回目、二回目、そして三回目とそれぞれ違っているからだ。それではどの文章を信用すればよいのかと批判されそうだが、それぞれの回に真摯《しんし》に向き合って生み出された私の心の証だから全部真実なのだ。人は時と場所と状況で心は変わり、その心で御言葉に触れるから、その折々で表現される内容は違ってくることもあるのだ。ましてやヨブ記はその傾向が強い。それはヨブ記の読み方も解釈も多彩だからだ。それだけに取り組みがいがある。それについてある牧師のヨブ記についての文章を引用する。

「わたしは最近、ヨブ記は矛盾のまま読んだ方が良いのではなかろうかという考えに傾いています。

ヨブ記の登場人物はそれぞれ矛盾を抱えて生きている人間です。これは友人たちの考え、これはヨブの考えと明確に区別する事などできない。ついさっき考えた事といま考えている事とが違うことだってあり得る。矛盾した複雑な思いを抱いて生きているのです。ヨブ記全体が複雑な人間の思いの総体を表していると考えたらどうでしょうか」（今井敬隆『あなたはヨブと出会ったか――迷い、躓き、行き詰まりながら読む』新教出版社、二〇一六年、248―249頁）。

それだけに、読むほどにヨブの多彩な思いと、それに感応して込み上げるさまざまな私の思いが生じるのだ。それがある時には矛盾に満ちることだってあるのだ。そういったヨブ記だから魅力があるし、何度取り組んでも飽きることがなく、新たな発見があるのだ。

今回の大テーマは「反抗と信従」である。このテーマにそってさまざまな眼差し（視点）からヨブの姿を追っていきたい。

サタンの眼差し

1　富（1章1―3節）

彼は東の国一番の富豪であった。（3節）

ヨブ記をきちっと見ていこうと思い、冒頭を見たら驚いた。ヨブが大富豪なのだ。大方はヨブの苦しみに目が行く。私もその一人だが、それだけにこの冒頭の記事はすごいと思った。羊が七千頭、ラクダが三千頭、他にも家畜がいる。ヨブは農業ではなくてそういった家畜業、酪農業だったのだろう。ラクダが三千頭とはどれだけか見当がつかない。それらを世話するだけでも大勢の使用人がいる。ラクダや羊から乳を搾り、ヨーグルトなどを生産し、それらの肉や皮などもさまざまな用途がある。こういった家畜が財産なのだ。

2 燔祭（1章4―5節）

ヨブは子供たちのために燔祭を捧げた。罪を犯すかもしれないと、無意識の罪のためにもそのようにしていた。当然自分のためにもしていたのだろう。何とも慎重な人間で、極めて用心深い男なのだ。神を心から敬い、神を畏れることに徹底していた。そうした深い信仰のゆえに苦難が深刻になった時には、神に会うことを望み、神の存念を聞きたいと思うのだ。

その感情は私たちにも良くわかる。私たちも一生懸命に生きていて、生きるのに不都合なことがあったら、神に対してこれだけ一生懸命に生きているのに、どうしてこんな不都合が起きるのですか、と抗議する気概があってもよいだろうと思う。そう言えるほど、神信仰をしっかりと持つべきだ。

ヨブ記の後半で述べているが、ヨブは、自分の人生はこのままいくと思っていた。それだけに、子供にも一生懸命、気配りをしていた。神はいつも身近にいて、神に守られているという自負心があった。生活は極めて優雅で宴席を子供たちが交代でしていたのだった。富豪というのがちょっといただけないが、それだけに非常に謙虚だったのだ。今日の富裕層がヨブのようであったら社会はだいぶ違ってくるだろう。

ヨブは、人生が暗転するとは露だに考えていなかったのだ。私たちにも言えるが、人生の先は何もわからないというのが本当だ。一息一息誠実に生きていくしかあるまい。ヨブは無垢で神を敬い、その財産を有効に使い、貧しい人に施しをしている。それはヨブ記の後半で触れている。資本主義という体制が好景気、不景気などを繰り返してはいるが、この制度は潰れそうもないから、その制度の下有能で富を蓄積できる人は、ヨブのように十分な施しをしなくてはならない。ただ気になるのは、ヨブがこれだけの富を貧しい人を抑圧しないで蓄えられるのだろうかということだ。現代でも大富豪は他者を踏み台にして膨れているのだ。このヨブはあまりに豊かであるがゆえにサタンに狙われ、丸裸にされるのである。

今世界の大富豪が話題になっている。アメリカなどでは数パーセントの大富豪がアメリカの富の何割かを握っていると書いてあった。中にはタックスヘイブンで税金逃れをしている人もおり、六十二人の大富豪が世界の富の半分を持っているともいう。

3 サタンのたわむれ（1章6―12節）

御手を伸ばして彼の財産に触れてごらんなさい。（11節）

豊かな生活も、神の加護でなされる。悪はサタンから発するが、神の許可の下で行われる。だから神は全能なのだ。ここではサタンは神に挑戦的で、神をあおり、神をぎゃふんと言わせたいのだ。神はサタンの挑戦に乗せられてしまう。その結果ヨブが大変なひどい目に遭うことになる。

神の恩恵で豊かになる。これは旧約聖書にはしばしば出てくる出来事だ。ヨブの時代はそうであったかもしれない。豊かであることは神信仰が真面目だからなのだ。

カルヴァンの予定説では生まれる前から救われる者と滅びる者が決められるというので、信仰者は救いの確信のために懸命に働き、禁欲的に神信仰に励んだと言われる。労働も神の招きによるのだから一生懸命骨身を惜しまず仕事をしたのだ。それが資本主義の原始蓄積に繋がったというから面白い。

幸、不幸が神から来るかどうかは、現代人にとっては葛藤かもしれない。ザックリ合理的に考えれば、すべては自分の意思で決まる。後は外部からの運不運で決まると割り切れたらよいのだが、そうもいかない。大変な時は「神様助けてください」となる。

サタンは「利益があるから神信仰があるのだ」と言うが、それは一面で正しいだろう。それが物的にしても、精神的にしても、やはり利益があるから信仰はあるのだろう。これが物でなくても、精神の安定のために神信仰はありうる。精神が安定すると仕事にも励むことができるから金が入り、豊かになる可能性があるという点で、やはり信仰とは利益のためでもあるだろう。罪からの贖《あがな》いもやはり利益だ。それで救われるというありがたい御利益があるのだ。

こうなると、神信仰はありがたいことだけになってしまう。宗教はそういった面が強いのだろう。だが、ヨブの場合はどうなるか。この富がヨブの不幸の始まりだった。一般の人も富はそこそこに持った方が良いかもしれない。富はそのような意味ではいろいろと、面倒なことを引き起こす原因になりそうだから気を付けなくてはならない。人はほどほどに生きられればよいのだ。

4　裸（1章13―22節）

わたしは裸で母の胎を出た。
裸でそこに帰ろう。
主は与え、主は奪う。
主の御名はほめたたえられよ。（21節）

ヨブはサタンの策略で全財産と子供のすべてを失う（13―20節）。この大変な悲劇でもこの言葉（21節）は驚くべきで、圧倒されがちだが、かなり公式的な発言のようだと思う。なぜならヨブ記の後半になると、恨み言や、自己否定や神への自己主張が強くなるからだ。それが人間ヨブの姿なのだ。私が思うのは、この21節の言葉は信仰告白のように、信心深い人々によって口にされていた文句ではないだろうか。何事かがあればこの文句を口ずさみ、罪を犯さないように自分を戒めていたのだろう。

それについて関根正雄は「人のものすべてが本来自分のものではなく神のものであれば、神がそれをいつ返還せよと要求されるかは、全く神の自由である。ヨブの言葉はこの神の自由に対し全心をかけてアーメンをいっているものと解せられる」と言う（関根正雄著作集第9巻『ヨブ記註解』新地書房、一九九一年、34頁）。

今ヨブは過激な不幸に襲われても、関根が指摘するような鍛えられた信仰によってこのように口ずさみ、この危機の時にも、「ヨブは神を非難することなく、罪を犯さなかった」（22節）、と神に対して誠実であったのだ。

ヨブ記を読み進むと、この21節の文言に矛盾するヨブの強い発言を通してヨブの地金があぶりだされてくるのだ。ここにヨブの心の二重構造、人間ヨブの葛藤、自己矛盾が見えてくる。まさに人間ヨブなのだ。ヨブは最大の不幸の中にあって人間として誠実にその時々の状況にたたずむのである。

これは人間ヨブを通して私たちの事柄でもある。人生の歩みの中でさまざまな出来事がある。それらを通して人間の二重構造や葛藤があぶりだされ、22節のようにはいかない自分がいる。そのような中でも21節のような言葉「主は与え、主は奪う。主の御名はほめたたえられよ」の一部でも口ずさむことができればすばらしいことだろう。

5　落ち度（2章1―3節）

お前は理由もなく、わたしを唆《そそのか》して彼を破滅させようとした……（3節）

これはとても怖い言葉だ。ここで言われているのは、落ち度がないのに、ヨブに不幸を起こさせて、ヨブの破滅をサタンが計画したのだ。けれどもヨブはそのサタンの試練に、サタンの攻撃に耐えたことを神は言っている。

これは怖い。サタンは理由なしに善良な人に言いがかりをつけ、不幸に落としていくのだ。ここではヨブが狙われた。ヨブはそれに耐えた。言い換えれば、自分に落ち度がなくても、不幸や嫌なことが来る時は来ることを意味する。一生懸命していても、自分の落ち度なら仕方のないことだが、そうでない場合など、うまくいかない時はその不幸に耐えていかなくてはならないことをこの箇所は教えている。

6　肉を打つ（2章4—10節）

わたしたちは、神から幸福をいただいたのだから、不幸もいただこうではないか。（10節）

サタンと神の意地の張り合いの狭間にあってヨブはひどい皮膚病になる。そのひどさは陶器のかけらで全身をかきむしるほどだった。サタンはそのようにしてヨブを苦しめ、ヨブが神を呪うことを楽しみにしているのだ。

病がサタンから来ることを信じる現代人はいないが、一生懸命に真面目に生き、信仰していても、ひどい不幸が来る時は来る。このことをここは示している。

ひどい皮膚病だったとあるが、こういった時に人は信仰をなくすのだろう。なぜなら当時は神が幸福も不幸もくれると信じているから、このような不幸が来るとは神が自分を捨てたと思い、神を呪い棄教するのではないだろうか。妻の「神を呪って、死ぬ方がましでしょう」（9節）、と言うセリフもヨブを批判しているのではなく、同情しているのだろう。もう、神に義理立てはいらないのだ。

だが、ヨブは「幸福をいただいたのだから、不幸もいただこうではないか」とこの不幸を受けて立つのだった。神への眼差しに陰りはない。

このセリフは1章21節の「主は与え、主は奪う」と同じ視点にいる。来るはずのない不幸の到来だが、いずれにしても発信元は神なのだ。神を深く信仰しているヨブとしては、起こるすべてを神の業《わざ》として、深い謙虚さを持って受け入れるのだ。

ヨブにとっては現象として起きる、財産を損なうことや肉体の病などの不幸に対しては、神を敬い、神を絶対とする心に揺らぎはなかったのだ。

人生はさまざまだ。毎日いろんなことがある。その中を歩んで行かなくてはならない。その過程において外部的なことはさまざまな状況から起きるが、私たちは内面において、私たちの贖い主なる神を救い主としてあがめ、助け主と信じて外部と戦っていくしかないのだ。そのことをこの箇所から学ぶ。

神への眼差し（反抗と信従）

日を呪う（3章1―10節）

ヨブは親しい友人が本当にヨブに同情しているので、心を許し心情を吐露する。この箇所をヨブの嘆きと考えるのが普通だ。私も以前はそう考えたが、この章以後のヨブの神への激しい態度を見るにつけ、3章を嘆きと考えると何か辻褄が合わないなとは考えていた。

少しこの箇所を見ていくと、自分の生まれた日が無くなることを願い（3節）、その日を呪うのだ（8節）。理由はその日がヨブのはらむのを阻止してくれなかったからだ（10節）。その日を散々けなすのは（4、5節）、自分の存在を否定したいからだ。

生まれた日がなければ自分はいないのだ。その日が現にあるからその日を呪う。自分が悲惨な存在になったことを否定したいのだ。こんな自分はいらないのだ。これは自分の出生を嘆いているようにも見える。本当にそうなのだろうか。

出生も人生も神の定めで決まる（14章5節）中で、今このようにひどい自分になっているのだから、身ごもられなかった方が良かったのだと神の意思を否定するのだ。また、罪もないのに今生じている悲惨さは神のせいだから、神が定めた自分の出生は呪われた方が良いのだ。なかった方が良いのだ。なぜ、神は自分を母の胎に作ったのだ、それは呪われてしまえ、消えてしまえとヨブは抗議するのだ。

ヨブの痛みはひどいのだが、それ以上にヨブは自分の存在がうっとうしいのだ。無垢で正しく、神に誠実に生きてきたのに、罪びとに生じるような出来事が身に起きている。これは矛盾なのだ。相反することなのだ。ヨブのように生きていれば、豊かな恵まれた人生になるはずだ。実際なっていた。

それがすべてを失った。それは罪びとの姿のはずだ。誠実なのに姿は罪びとなのだ。そのように相反する矛盾を抱えてヨブは自分の出生の日を否定することで、神のヨブへの行為の矛盾に対する抗議として、神の定めた出生を呪い否定するのだ。なにかヨブの嘆きよりも、ヨブの激しさが伝わる。ヨブの絶望の叫びというよりも、ヨブの神への反抗が伝わる。

ヨブは死を願う（21節）が、死は来ない。激しい苦痛だけがヨブを襲うのだ（24節）。耐えかねてヨブは生まれた日を削り取ってくれと主張するのだ。

内村鑑三などはこの箇所をヨブの嘆きと見ているが、北森嘉蔵は「天地を作り、人間の造り主としての神をヨブは信じていたから、ヨブをこの世に生まれさせたのも神であるとの信仰は持っていたはずだ。そのヨブが自分の生まれた日を呪うのだから、ヨブを生まれさせた神を呪うところまで射程距離は伸びる」（『ヨブ記講話』教文館、37頁要約）、と指摘する。私はこれに同感し、ヨブ理解を一歩進めることができたと思う。人生に対するヨブのすさまじい生き方に圧倒される思いだ。

友人の眼差し—1（4章）

罪のないものが滅ぼされ

正しい人が絶たれたことがあるかどうか。（7節）
あなたの言葉は倒れる人を起こし
くずおれる膝に力を与えたものだった。
だが、そのあなたの上に何事かふりかかると
　あなたは弱ってしまう。（4―5節）

罪のないものが滅ぼされるはずはないという友人の眼差しによってヨブはとらえられるのだ。その眼差しはヨブにとっては地獄なのだ。問答無用に、初めからヨブは罪びとだとピン止めされているのだ（ピン止めという表現は、見田宗介『まなざしの地獄』河出書房新社から借用）。神によって折檻《せっかん》されるのではなくて、人がヨブをピン止めするのだ。人の眼差しは怖いものだ。

3章でみたように、ヨブは無垢で正しいのだが、見た目にはとても傲慢《ごうまん》にみえたのだろう。人の誕生も死も生き方も神の定めなのに、自分の生まれた日は消えうせろ、と神の業を否定するのだから友人は驚いたであろう。だから友人たちは、ヨブの謙虚さがないこと、不幸を反省もしないこと等が傲慢に見えて説教を始めたのだ。当然と言えば当然なのだ。3章をヨブの傲慢と見れば、4章の友人の説教と自然に繋がってくる。4章でいきなり説教を始めたわけではないのだ。

ここから論争はすれ違ってくるのだ。友人は正しいものは罰せられないと説く。ヨブは正しいものがなぜ罰せられるのかと問う、ということなのだ。

友人の眼差し―2（5章―6章）

彼は傷つけても、包み
打っても、その御手で癒してくださる。（5章18節）

神は傷つけても癒してくださる方だから（5章18節）、神に訴えて、問題を任せなさいと言う（同8節）。ヨブのこざかしい知恵を批判し（同12節）、幸いなのは神の懲らしめを受ける人（同17節）、苦難が襲っても神はあなたを助ける（同19節）と。

友人はこのように言って、ヨブを批判しながら、説得しているのだ。ヨブはそれに対して、自分の苦悩は海辺の砂よりも重い（6章1―3節）。言い換えれば、その傷つきは大きくて癒すことはできないほどだと嘆く。

ヨブはつぶやく。私は神の忠実な僕《しもべ》なのに、神の矢に射抜かれた（同4節）。あまりにもひどい仕打ちで、言葉を失うほどだ。だから、神でも癒すことは不能なのだ。それほど神は私にダメージを与えた。言い換えれば私を壊そうとしているのだ。もうこれ以上は苦しみたくないから、私を滅ぼしてほしいと願う（同9節）。

ヨブの痛みは癒されることなく続く拷問だ。追い打ちをかけて、友人は神の懲らしめを受けるのは幸いだ（5章17節）と諭す。ヨブが苦しんでいるのに、ヨブに非があるかのように責める。神からの痛みと友人のそのような眼差しに晒されてヨブは地獄の様相なのだ。

ヨブは、神が「無垢で正しい者だ」と折り紙を付けている人間だ。だから、友人が説得しても、「私が間違っていました」などと言えるはずがない。まさに、ヨブの自尊心、ヨブの正しさがかかっているのだ（6章29節）。だから、自分には落ち度がない者として、苦難がどんなにひどくても正しさを貫く。そして、正しいのにこのひどさだから死を願うのだ（同9節）。こうして、ヨブは神に頭を下げることを拒否し、友人は説得してヨブに非を認めさせようとしている。ここにあるのは友人の正しさとヨブの正しさのぶつかり合いだ。

何のための一生なのか（7章）

肉はかさぶたと蛆虫《うじ》に覆われ（5節）、やがて私は死ぬでしょう（8節）。神は床に入っても夢と幻で苦しめる（14節）、ヨブはいつも神の目に晒されている。もう生きていたくない（16節）、なぜ私にねらいを定めるのですか（20節）、今や私は塵に帰る（21節）。ヨブの苦痛はすごい。だからもう生きていたくないのだ。

ヨブは人間とは何かと問う（17節）、なぜ神はヨブを大いなるものとして心を向けられたのかと、それがいま、苦痛をもって滅ぼそうとしている、と疑問を投げかけるのだ。

ヨブの自己意識としては、自分が大いなる者として用いられていたのに、手のひらを返すようなこの仕打ちにヨブは弱りはて死を願う。実際この苦痛は死を願うほどのきつさだ。ヨブは神の人だからいつも神を意識している。そのように、神にある人間にとってこの大変な苦痛は何だろうかと、ヨブは人間そのものを問う。神に忠実に生きていたのに、この悲惨な状態になれば、一生は空《むな》しい。何のための一生だったのだろうと自分を見つめている。とことん落ち込んでいるヨブがいる、人間の深い実存の問題なのだ。

不条理へのまたは調停者への眼差し（8章―9章）

友人は全能者に憐れみを乞えと言う（8章5節）。ヨブは神の全能を自覚しているが（9章2節）、それでも神にあらがいたいのだ。なぜなら自分が正当に扱われていないからだ（同35節）。無垢なのに、家族を取られ、全財産を失い、ひどい病を被っているからだ。これはあんまりではないかという感じだ。誰でもそうなったら天に向かって叫ぶだろう。

さらに、ヨブの体の病気、ヨブの家族、財産の喪失ゆえに、人々はヨブを罪びと、神から罰せられた人と見る。だから、ヨブの言葉を誰も信じず、神に背く者、曲がった者とみなしているのだ（同20節）。そのうえ、ヨブが言い返そうと思えば、神から息つく暇もない苦しみが与えられ（同18節）、罪もないのに突然の鞭打ちが来る。あたかもこの地は悪が支配しているようだとヨブは嘆くのだ。ヨブは神と人々の眼差しの地獄の中にいるのだ（同23節）。

辛さの中で、ヨブは人間ともいえないようなものだが神に言い返したい（同32節）と、悔しさをにじませる。調停者がいるなら、言うことがあると叫ぶ（同33節）。実際はそういった者はいないから言えないのだが、ヨブにつのるのは神に「話したい、聞きたい、訴えたい」という思いだ。そういった思いがこの行間からふつふつと湧いてくる。

こうまでして、ヨブは自分が正当に扱われていないことを宣言するのだ（同35節）。ヨブの血を吐くような切々とした訴えが胸を打つ。ヨブの出来事は本当に不条理なのだ。神のあまりな身勝手な振る舞いに、ヨブは強く抗議をしているのだ。

世界は神に逆らう者の手に委ねられている（同24節）。言い換えれば、ヨブに起きるような不条理は幾多もあるのだ。日本では犯罪ならまだ裁判があるが、経済問題などの格差の問題、政治の問題においては神がいないような社会が今なのである。日本と言わず今の世界はこういった感じではないか。政治、経済について見ると、いくら正しいことを言っても圧倒的な政治や経済の力で、小さい声は潰され貧しさのなかに押し込められている。沖縄のように、突如ヘリコプターの落下物がある。飛行をしないように要求しても、政治の力でねじ伏せられる。この社会は不条理がまかり通っているのだ。不条理はヨブの時代から今日まで世界を貫いている。

ヨブの物語は神話的にサタンの仕業にしているが、ヨブの訴えは弱者の叫びだ。不条理にはヨブのようにあらがい、叫ばなければならない。

陰府への眼差し（10章）

神は私が背く者でないことを知っている（7節）のに、私となぜ争うのか（2節）、なぜ虐げるのか（3節）。こんなことをされたら、私の魂は生きることをいとう（1節）のだ、とヨブは非常に落ち込んでいる。9章では強いヨブがいたが、10章では気持ちが非常に下降している。それでもヨブは自分の正しさを知っているから、神のこの行為が理解できずに、悩み苦しみ、もう生きるのが嫌になったと神の理不尽に抗議しているのだ。

あんなに良くしてくれた神（12節）をヨブは懐かしく思い、今日神は心変わりをしたのだと理解した（13節）のだ。そのゆえに神はこんな風に私を虐げる（17節）と判断し、そういった神を相手にしないで神の目の届かない闇の国に行くというのである（21節）。

ここでも心変わりをした神に愛想を尽かし、陰府に行こうとするヨブの姿がある。ヨブは自分の正しさを知っているから、神に媚《こ》びを売ることなく陰府へ下っていこうと決めたのだ。この章は神への抗議であると同時に神への服従だろうと思う。ヨブはこのような方法でしか神に従うことはできなかったのだと理解できる。つまり、抗議は抗議としてしっかり行い、どういうわけか罪の印としてのひどい不幸を受け、ひどい病気を背負っても、自分の正しいという心を曲げずに、死んでいく方法で神に従っていこうというのだ。

沈黙の神への眼差し（11章―13章）

あなたは神を究めることができるか。（11章7節）

神は偽る者を知っている。悪を見て、放置されることはない（11章11節）と友人。ヨブは反論する。見よ、私は訴えを述べる。私は知っている。私は正しいのだ（13章18節）。呼んでください、お答えします（同22節）。なぜ、御顔を隠し、私を敵とみなされるのですか（同24節）、と神に問う。

友人の眼差しはヨブを偽り者と見て、弾劾する。ヨブはその眼差しに強く反発する。友が悪だというので、正しいと反論するのだ。ヨブは強気であるが少しずつ孤立化する。友人との論争に白黒をつけるために、また根本的に自身の罪あるような姿、自身の不幸に対して訴え、神の裁判を求めるのだ。なぜ私にこのような不幸が来るのかと。だが、神は御顔を隠している（同24節）。

ヨブはその神に訴える。「神が呼べば、すぐに答える」と、ヨブは強い自負心をもって神の前に立ち不条理を訴え、隠れている神を仰ぐのである。なぜか神は沈黙したままだ。そういった中で、人間に理解できない仕打ちと戦って、生きていかなくてはならない。ヨブの場合は、打たれ続けるヨブがいる。それは死を思うほどなのだ（13章20、21節）。耐えかねて、私を敵と思うのか（24節）と神に問うほどだ。

ヨブの場合、神は沈黙している。そういった状況なのに神がヨブを責め続けていることはわかっているのだ。これは、打たれ続けて終わる人生もある。不幸の中で人生が終わることもあることを暗示する。その中で「神よ」と呼びかける勇気はあるだろうか。ヨブはひたすら神を呼び続ける。このままでは自分は朽ち果てると嘆くのだ。沈黙の神に呼びかけ続けるヨブがいる。ヨブには解決は神以外にないからだ。なぜ、このような悲惨さが私に来るのかを教えてほしいのだ。

悲しみの眼差し（14章）

花のように咲き出ては、しおれ
影のように移ろい、永らえることはない。（2節）

有限ですぐ枯れてしまうような人間をどうして裁きの座に引きずり出すのか（3節）。なぜ、人間であるヨブを相手にするのか。人間はすべて神の掌中にあるのではないかと問う（5節）。だからすべて神の思いのままに人間を扱うことができるのだ。そのような全能な神が、すぐしおれる人間ヨブをどうしてこれほど激しく裁くのかと訴えるのだ。指一本で人間をひねり潰すことのでき、弱い者いじめをする神に歯をむき出して抗議する強靭なヨブがいるのだ。

この物語の背景にはこのヨブのような人が実在したのではないかと想像する。無垢で善良で信仰深い人がどういうわけか非常な不幸に襲われ、全財産を失い、家族を全員失うのだ。あまりのひどい出来事に嘆き悲しみの中で神に訴えることがあったのだろう。この14章などは悲しみの祈りとも言える。

病気や不幸は神ではなくて、自然から、あるいは偶然起こり、または故意で起きたりする。超自然的現象でないことは現代人の感覚だが、そういった現象を通して神意を解釈することは許されるだろうと思う。ヨブの場合には、意図的に神の意向で、本来ならあり得ない不幸を背負うことになったからら、これは不条理な災害なのだ。

世界にもそういった不条理的な災害はたくさんある。山谷で一番気の毒なのは酒乱のアルコール依存症だ。これは本人の意思とはかけ離れている。飲み始めると止まらなくなり、揚句が喧嘩とか器物損壊とか、最後には泥酔で体を壊す。弁当を買いに来ているおじさんの一人がそうだ。酔っぱらって喧嘩して刑務所へ、泥酔してドヤ（簡易宿泊所）を出されたとかで、生きていくのが大変だ。

大概酒乱などは体質だから、本人にとっても迷惑なのだが、酒はなかなかやめられず、それで時折騒動を起こしてしまい、なかなか普通の生活ができないのだ。ヨブは自分の災害を神に抗議するが、今述べた人はそれを持って行く場がない辛い人生だ。

ヨブの場合は、怒りの収まりそうにない神に耐えられず、陰府に身を隠すことを願うのだ。そして神の怒りが収まったなら、神が神に忠実で無垢な自分を思い起こすことを期待するのだ（13節）。これがヨブの神への信従（服従）なのだ。これがヨブなのだ。

愛の神への眼差し（16章）

神が御自分とこの男の間を裁いてくださるように。（21節）

平安な暮らしを神は壊した（12節）。神はヨブを打ち破り（14節）、弓を射かけた（13節）。これは皮膚病が絶え間なく痛みの生じることを言っているのだ。ひどい皮膚病で体全体に膿《うみ》が溜り、蛆が湧き、皮膚が割れ体は血だらけなのだ。ヨブはそれを隠さない。痛みの、苦しみの叫びも押さえない。なぜなら、それらは罪ゆえに生じたわけではないからだ。ヨブには不法はなく、祈りは清かった（17節）。

ここにもヨブの反抗がある。この無様な姿を晒して神の不法を、理不尽を批判するのだ。

この姿は平安な暮らしをしていた水俣の漁師たちを襲った理不尽な有機水銀中毒による、悲惨な病気に似ている。彼らはチッソ水俣工場の廃液の垂れ流しによって汚染されてしまった魚を、何も知らずに食べていた無垢の人々だった。

その悲惨さを石牟礼道子は『苦海浄土――わが水俣病』（講談社文庫、新装版二〇〇四年）で述べている。病室のその人は「両の腕と脚は、まるで激浪にけずりとられて年輪の中の芯だけが残って陸《おか》に打ち揚げられた一根の流木のような工合になっていた」（142頁）。次に目に付くのは「廃墟のように落ちくぼんだ彼の肋骨」だった（143頁）。彼の視力は発語と共に失われていたが、「らんらんと飛びかからんばかりに光っているふたつの目が、まずわたくしをとらえた」（同頁）。この患者の「死につつあったまなざしは、まさに魂魄《こんぱく》この世にとどまり、決して安らかになど往生しきれぬまなざしであった」（147頁）。ヨブの姿もこの水俣の患者さんたちと同じ状態であったのだろうと思う。

この患者さんの「瞳と流木じみた姿態と、決して往生できない魂魄は、この日から全部わたくしの中に移り住んだ」（147頁）と石牟礼さんは語り、このような本や行動でチッソを告発していくのだった。これはヨブが自分の悲惨さを隠さない、叫びを閉じ込めないと言うのと同じことなのだ。

他方では、裁判を公平にする神を求めるヨブがいる（16章21節）。ここではヨブは違う神をみつめている。厳しい裁きの神と公平をつかさどる愛の神だ。神はその二重性を持っていることをここは示している。同じことは14章にも言える。ヨブは抗議しながらも、自分が陰府に行った後、神が怒りを収めた時には生前のヨブを思い起こしてもらいたいと願うのだ。これもやはり愛の神に期待しているのだ。

超越的絶対的神は、その中にそのような属性をもつ神なのだ。キリスト教の子なる神＝愛の神が生まれる可能性をこういった場所は秘めているのだろう。神の二重性は旧約の預言書では顕著に見えるから、ヨブの発言は奇異ではなく、普通な発想だと考える。

ヨブは豊かな生活が神の慈悲から来ていたことをよく知っていた（1章）。ヨブは今そのような神を求め、天にはヨブの弁護をする方がいると述べるのだ（16章19節）。

ヨブはとりなす神を求め（20節）、神が神と自分の間を正しく裁くことを期待するのだ（21節）。ここにヨブの信従がある。

ここのところを関根正雄は「ヨブはここに敵なる神に対して、友なる神を、怒りの神に対して恵みの神を発見したのである。同一の神でありながら、神はヨブに対して今までと違うみ顔を示したもうた。ヨブは信仰をもって神の恵みを垣間見たのである」と記している（前出『ヨブ記註解』148頁）。

保証人（17章）

あなた自ら保証人となってください。（3節）

友人はヨブの傲慢さを怒り、ヨブの罪を指摘する。友人は眼差しにおいてヨブを地獄に落とす。同じように、人々の眼差しはヨブには辛いものがある。あれほど民衆から尊敬を受けていたのに、今や人々の眼差しはヨブをあざけっている。敵意をもって見つめている。しかもそれが二十四時間続くのだ（2節）。

ヨブのひどい不幸やひどい皮膚病はすべての人々の知るところとなったのだ。ヨブのこの状態は罪の結果であるから誰もがヨブを軽蔑してやまないのだ（6節）。そのようにしか現象面では見えないから人々が悪いのではないのだ。ヨブは友人も含めてすべての人々の眼差しによって地面に罪びととして縛り付けられているのだ。ヨブはその状態にあって、人間的には絶対絶命に追いつめられている。四面楚歌だ。

ヨブは救いを神に求める。ヨブは神が味方することを期待するのだ（3節）。保証人になってくださいと願う。保証人とは何だろう。何の保証人なのだろうか。罪がないことを保証する人のことだろうか。16章19節にも同じことが書いてある。法律用語で罪のないことを保証するという意味なのだろう。

大切なのは、言葉の定義ではなく、神に強く反抗していても最後は神へと心を向けるヨブのすばらしさだ。人間を相手にしない。16章21節ではまだ人間を相手にしているが、ここでは神だけを見ているのだ。なぜ神だけか。それは、ヨブが十分に承知しているのは、現象面は罪びとの状態でも、ヨブの内面は無垢で、清いということだ。神も自分のそういった無垢を承知のはずだから、神によってはっきりと自分が罪びとでないことを保証してもらいたいと願うのだ。

ヨブは神を信頼しているのだ。神は巌《いわお》のように陰りがなく絶対的権威としてそそり立っているのだ。ヨブは繰り返し反抗するが、繰り返し信頼するのだ。それが真《まこと》の人間の姿ではないか。

これは冤罪の事件に繋がる。冤罪で監獄に繋がれ、苦しみながら支援者の力を支えに無実を訴える人の姿と同じだ。今もってそういった人が幾人もいる。一生懸命に訴え無実を勝ち取ってもらいたい。

追い詰める眼差し（18章―19章）

18章では、ヨブが友人を獣のように見ている（3節）、友人に非常な怒りを持っている（4節）ことが友人によって報告され、さらに友人は神に逆らう者が破滅し（11節）、家族も災いに遭う（12節）、と批判する。

・19章について

友人は慰めるのではなくて、神と共にヨブを追い詰めるのだ（19章22節）と、ヨブは怒り、憤りを神にぶつけ、神の非道（6節）、不法（7節）を叫ぶ。

反省のないヨブの怒りに皆ヨブに背き、ヨブを否定する眼差しにヨブは晒される。神は怒りを燃やし（11節）、神は兄弟を、知人をヨブから引き離し（13節）、親族も友人も離れた（14節）。ヨブの家の僕《しもべ》もヨブに敵対する（15、16節）。妻に嫌われ、子供に嫌われ（17節）、幼子も拒む（18節）。ヨブの関係者全部の眼差しはヨブを追い詰めるのだ（22節）。

ヨブはこれらの言葉が証言となると考え（23節）、岩に刻まれ後世に残ることを願う（24節）。それは神の仕打ち、関係者の態度、そしてヨブの生き方について、後世の人に判断を委ねようとヨブは考え、記そうとしているのだ。そしてヨブは後世の人がヨブの生き方を理解するだろうと期待している。ここではヨブの反抗が徹底している。

彼は今皮膚と歯しかなく（20節）、皮膚を損なう（26節）ことによって、ヨブは死を予感して後世に託し、神の贖いの業に期待するのだ（25節）。この身が滅びてもこの身をもって神を仰ぎ見るだろうと語り（26節）、ヨブは死んで陰府に在り、そこに立つだろう神の贖いの業によって救われることを期待するのだ（27節）。

ヨブは重傷でもう死が近いことを知っている。死ぬ前に無罪を勝ち取れなければ、死んだ後でもいいから、神が陰府に下り、神によって無実としてもらいたいと言うのだ。ここにヨブの無実に対する強い執念があるし、ヨブはやはり神に信従しているのだ。

神は、ヨブの死後ヨブが罪なきことを宣言してくれると確信しているのだ。ここでは人はどうでも良いのだ。ヨブには神だけが問題なのだ。死んだ後は誰も知らない。陰府の世界でヨブと神だけがいて、ヨブは贖われるのだ。それがヨブの願いなのだ。

刑を終えた後で無罪を訴え、無罪が確定したニュースを見た。すばらしいことだが、ヨブのケースも似ているだろう。ヨブは死んだ後でも良いから無罪にしてもらいたいのだ。

神を求める眼差し（23章）

南に身を覆っておられて、見いだせない。（9節）

何とか神に出会い訴え、言い分を述べ（4節）、答えてくだされば悟り、理解（5節）しようとしているヨブがいる。ここでは反抗するヨブではなく、謙虚なヨブがいるのだ。ヨブは自分のひどい状態の原因をどうしても神に確かめたいのだ。ところが、会いたい神はどこにも見当たらない（8節）。身を覆っているのでヨブは見いだせないのだ（9節）。

ヨブは神が隠れていて見いだせないにもかかわらず、神に対して誠実なのだ。ヨブは神に従って歩み、その道を守って離れない（11節）。命令に背かず、神の言葉は胸に納めている（12節）。まさに、神の沈黙にも信従するヨブなのだ。だが、神の恐ろしさを良く知るヨブでもある。神はいったん決めたことは実行する（14節）。それゆえ私は全能者におびえる（15節）。この状態でまだ滅ぼされないことをいぶかっているヨブがいる。

神の意図を知らないままに、全能者の定めに従おうとするヨブがいるのだ。これはまた私たちの人生でもある。私たちは結果として自分の人生を知る場合が多く、なかなか計画通りには人生設計はできないのが普通だ。ヨブも隠れた神ゆえに神の意図を知るよしもなく、自分の生き方を貫くために必死に神との出会いを求めるのだった。

社会への眼差し（24章）

貧しい人の不幸、悪党の横暴にヨブは言及し、権力者は驕《おご》りによってだめになるといわれるが、現実はそうではないとヨブは言う。現実は権力者がのさばっているのだ。

現実は因果応報ではなく悪が繁栄している。この指摘には、因果応報ならこんな仕打ちには決してならないという思いがここにある。因果応報でないから、悪は栄え、そして自分は正しいのにひどい目に遭うのだとヨブは思うのだ。

過去への懐かしき眼差し（29章）

神との親しい交わりと繁栄（4節）があり、神は共にいた（5節）。人々はみなヨブを尊敬し（8節以下）、王のようであった（25節）。ヨブは貧しい人を守り（12節）、他者を配慮した（15―17節）。最後にはヨブは家族に囲まれて死ぬと思った（18節）。

ヨブはそのように自分の過去を振り返っている。このような背景があるから、ヨブの神への反抗や、ひたすら神と語りたい気持ちがわかる。また、友人に対しても非常に激しいのは、みんなから尊敬され王のような生活をしていたからなのだ。それが一変して、どん底の生活になってしまった。その姿、その生活は神の裁きと思われ、ヨブの罪のゆえと思われる。にもかかわらずヨブは、強く自己の正しさを主張するゆえにすべての人から見下され否定される。

ヨブは最高の富豪であったが、傲慢にもならず、貧しい人を配慮し、不正をくじき、正義を貫いた。これは現代の富裕層も真似しなくてはならないことだ。

ヨブは神と交わりを持つほどの、神から信頼された人物であることが証言される（5節）。

それゆえに、神はヨブをサタンに渡したのだ。その神が突如隠れてしまったのだから、ヨブは途方に暮れ、事情も聞けず、ひたすら神を求めるのだ。不幸がすべて神の仕業と知っているから、ヨブは頭が分裂しそうになり、神に反抗し、友人に対しては怒り狂うのである。ヨブの気持ちはわかるし、こんなことは現実にもあるだろう。そういう意味でヨブ記はすごいドラマだと思う。

世間の眼差し（30章）

若者があざ笑う（1節）、ならず者がツバをかける（10節）。夜、骨をさすような痛み（17節）。神に向かって叫んでも答えはない。あらゆる人から尊敬を受けたのに、今はならず者からまで馬鹿にされる。

神はヨブを死の国へ（23節）連れていく感じだというのだ。

ヨブはすべてを失った。財産も、家族も、名誉も、地位も、信仰者としての尊敬も。それゆえならず者ですらツバをかけるという、ひどい侮辱をするのだ。ヨブは落ちぶれてしまったのだ。そういうこともあるのだろう。アメリカの大恐慌では株の大暴落で何人もが破産して自殺した。

ヨブは自死などしない。ヨブは自らの潔白に自信があるので、あらゆる人が侮辱しても、毅然とできるのだ。人は相手にせず、神だけを見ているのだ。その神に語りかけ、神と語らいを持ちたいと願い続けるのだ。こういった執念が大切だ。最後には神が根負けして、ヨブの前にあらわれる。

神への眼差し——語り尽くす（31章）

29章、30章、31章とヨブは語り続けて、最後に語り終えたと締めくくる。29章はかのよき日々のこと、30章では不幸に陥りあらゆる人がヨブを批判し、ヨブを凌辱する。31章はヨブが事績を堂々と語り、そして語り終えたと自らの言葉に誇りを持つのだった。

31章を見ると、自分の所業を語り、神の前における行為の正しさを示すのだ。多分当時の旧約の教えを実践し、ヨブは心から神に従って陰りがないことを友人に示すのだった。だから、正義を秤として量ってもらいたいと主張する（6節）。

この手に汚れはない（7節）、奴隷の権利を守った（13節）、貧しい人、みなしごを守った（16、17、19節）、自分の罪を隠さない（33節）、収穫には金を払った（39節）と述べてヨブは語り尽くした（40節）。この言葉にヨブの潔さが感じられる。ヨブは旧約の掟においてやましさは何もないのだというのだ。

ヨブのこの態度を傲慢という人もいるが、29章におけるヨブは、31章で発言しているような振る舞いによって神の大いなる祝福を得て、繁栄していたのだ。だから、ヨブは31章の発言をして、身の潔白を神に、身の正義を神に述べて（6節）、語り終える。

サタンのことがなければ傲慢に見えるかもしれない。あくまで理不尽なサタンの仕業によって不幸に落ちたのだから自分のせいではないのだ。だから、身に及んだ罪の印は自分には関係がないから、堂々と身の潔白を発言するのだ。

関根正雄によると、31章の35節から37節で、「彼」と言われている文言は「神」を示しているという（前出『ヨブ記註解』263頁）。だから、35―37節は神と争うヨブについて述べられ、ヨブは神への告訴状を頭に結び付け、君主のように神と対決しようというのだ。ここにヨブの堂々たる姿があると私は思う。

しかし、神を訴えるヨブは、神に代わって神の位置に立とうとする人間として、最大の危機に立つヨブでもある、と関根正雄は指摘する（同264頁）。今井敬隆もヨブの正しさの確信に疑問を呈している（前出『あなたはヨブと出会ったか』297―310頁）。これらの理解はどうだろうか。ヨブは反抗しつつ信従した。反抗は当たり前で31章のように生きてきたから、神からの不幸は理不尽なので反抗したのだが、神に殉ずるヨブはその理不尽の神に従い、死へと赴くなり、神に殺されるなり、すべてを神に任せるのである。そのゆえにすべてを語り終えたという悟りの心なのであって、行き詰まったわけではない。

31章は旧約における山上の垂訓だともいわれるが、これほどの高い倫理をヨブは持っていたのだ。ゆえに神から祝福があったのだ（29章）。そのような自分であったヨブの存在を神に述べ、神への誠実さを示し、神の反省をうながすのだ。こうしてヨブは語り尽くし、神に信従するのだ。

エリフの眼差し（32章―37章）

ヨブの発言を引用して、エリフは33章13節でなぜ神と争うかと問う。サタンのことがなければ、誰でもエリフのこの発言を正しいと思う。このあたりではもう神とサタンの賭けごとは影を潜め、ヨブが自己主張し、友人はそれをとがめるパターンになっている。私には、ヨブの自己主張の強さを弱めるためにエリフの発言があると思う。事実、ヨブの主張は強すぎ、人につまずきを与えるかもしれない。正しいと思う時は自己抑制せずに自己主張しなさいともとれる。

エリフはそこを抑えて、ヨブのような主張は問題なのだということで人々を牽制し、反省すれば神は許してくださることを強調する。

エリフは最後に、人は神を畏れ敬う。人の知恵はすべて顧みるに値しない（37章24節）と語り、ヨブを批判し神の正当性と神の絶対性を語るのだった。こうして読者に神の義と無謬を示し教育するのだ。実際ヨブのような人はいたのだろう。だからエリフの発言は必要なのだ。

ただ、エリフの発言は挿入といわれ、元々はこれなしに31章から38章の神の言葉のところに行くはずだった。その方が、31章のヨブの最後の発言との符合がよい。ピタッと来る。この挿入で、神とヨブの対決がピンボケになったことも否めない。

神顕現または神の眼差し（38章―41章）

神の経綸を暗くするとは。（38章2節）

38章以下でいよいよ神の出番だ。神の託宣が下り、神の経綸を暗くする、と叱責されるが、ヨブの知っている経綸は因果応報の教えであり、ヨブは常にそれに応えていたのだ。それはもちろん形式論でヨブが指摘するように実際はそうなってはいなかった。でもヨブはその因果応報の世界で生き、無垢で神に忠実であるゆえに神から富と平和を得ていた。

ただ、私たちが垣間見たのは経綸の言葉で指摘される、因果応報の世界観をはみ出る神の思いがあったことだ。神の経綸はその範疇では収まらないことを、著者は指摘しているのだ。その範疇に収まらない一つの例が、まさにヨブに対するサタンを通しての関係だ。すなわち、神にいかに忠実でも、神の思い一つ（1章参照）で不幸が来ることが示されたのだ。これは旧約の因果応報を超える思想ではないだろうか。

ヨブの徹底的な反抗が神に叱責されるが、ヨブの世界観（因果応報）では当然なことなのだ。その世界観において徹底的に生きてきた（31章）、ゆえに神に祝福されたのだった（1章）。ヨブはその生き方においてその世界観を修正できないし、その価値観で歩んできたので身に生じた不幸は承服できない。それゆえに塗炭の苦しみで神に反抗し、神と争い、とりなす方を望み、死を望むのであった。

因果応報を超え出る神の経綸は、直接的には神とサタンとの戦いを意味する。天上の神のメンツを賭けた戦いにおいてヨブが狙われ、ひどい不幸に落とされるわけだ。たまたまヨブが狙われたが、神の経綸は人知を超えたものがあるのだ。

現実の世も悪が栄えているから因果応報の世界観ではないのだ。多分、因果応報の世界観は当時から壊れていたことは推測される。ヨブも悪が栄えていることを指摘する。ここにダブルスタンダードがある。宗教の建前の因果応報と現実の悪の栄えだ。多分多くの人はその二つの思想で生きてきたし、生きるであろう。ヨブはその狭間で苦しんだ無垢な人だったのだろう。そこからこういったヨブの物語が作られてきたのだと思う。友人たちもかなりの宗教家で、みな因果応報の世界観なのだ。友人の一貫しているのは、ヨブが罪を犯したから不幸が来た、だから神に謝れというところだ。それはそれで正しいのだ。

悪が栄えているにもかかわらず、ヨブ記のヨブは因果応報を信じ、一途にそれに生きてきたヨブの叫びなのだ。それゆえに神に反抗する。反抗は即信従を意味する。つまり神が教えた因果応報でしか生きられないから、それを貫き通すことが神を信じきることなのだ。自分が信じた神の教えに殉じようとする、ヨブがいるのだ。

神は経綸を暗くするな、とヨブを叱責し、神の超越力として世界創造の姿を見せる（38章―41章）。この豊穣を日の当たりに示され、ヨブはその前では一粒の泡に過ぎないこと、神には広大無辺のはかりごとがあることを知る。一粒の泡でしかないヨブは、神の計り知れない経綸の前に投げ出され、神の自由意思による経綸の深さに畏れ入る。この経綸はヨブの場合は残酷だ。子供は殺され、財産はすべて失うというひどい経綸だったが、再び回復する経綸でもあったのだ。

ここに凶暴な神がいる。旧約の神はその面が多々ある。たくさんの赤子を死に至らせるとか、娘を燔祭にするとか、アブラハムに息子を殺害させようとするとか、エレミヤの人生をめちゃめちゃにするなどだ。他方では、超越の神でもあり、ヨブの例では回復を提供する神でもあり、祝福する神でもあり、信じて殉教する者の神でもある。このような無限の自由意思を持つ神の経綸は大変な魅力でもある。私はどちらかというと新約よりも旧約の方が親しみやすい。とても近くに感じる神でもあり、人間的な神でもある。

絶大な意思を持っている超越の神の経綸がどう展開しているのか、私たちにはわからないから、私たちは御言葉に信従していくしかない。

神への信従について関根正雄は同様のことを言う。「ヨブへの神の問いの内容は四節以下で具体的にこれを見なければならないが、一口にいえば、神の世界支配の正しい秩序とそれにもかかわらずそれが神の支配であるが故に最後の所人間の理解を越えることとの指摘にある。このことが間接に――あくまで間接に――ヨブの苦難の問題への正しい答えを含むことはいうまでもない。われわれをかこむ多くの人生の不可解な問題に対する正しい解決もわれわれの思いをこえる神の世界支配の秩序への信仰による以外にはないであろう」（前出『ヨブ記註解』323頁）。

現代社会では、世界は世界の論理で展開するという考えが普通だろう。世俗は、世界の混沌、シリア内戦、ホロコースト、ＩＳ、貧困、差別、新型コロナウイルス、あるいはブラックホールや暗黒物質などの現代の宇宙観等、これらの現象をどう理解するかだ。多くはこれらを世俗そのものの出来事としていかに解決するかを考えるだろう。

キリスト者でも、多くは神の機械仕掛けのはかりごとは否定するだろう。つまり、いろいろな事件や出来事を直接神のはかりごとと理解する人はあまりいないだろう。けれども、それらの世俗の出来事の中に神のメッセージ（経綸）を読み取ることは可能だと思う。神は森羅万象を通して自らの思いを私たちに示している。私はさまざまな出来事の中に神のはかりごと（経綸）を感じて歩んでいる者の一人である。

二〇一八年五月二〇日の朝のＮＨＫドキュメントで、ひどい交通事故によって家庭が不幸のどん底に落とされた出来事を取り上げていた。

居眠り運転の大型トラックに追突され、乗用車の奥さんと娘が亡くなり、同乗の友人の息子さんも死亡した。奥さんと娘を亡くしたその人はひどい鬱病になり、家にこもり七年にもなっている。家族全員の突然死に茫然自失したのだ。本当にひどい事故死だと思う。残された人のやりきれなさは言葉では表せないものがあるだろう。ヨブはまさにそれの何倍ものひどさを味わい尽くした人だろうと思う。ヨブ記の経綸のところを木曜礼拝でしていた頃だけに、何か他人事のようには、さらに単に偶然日にちが重なったとも思えず、まさに神のはかりごとのように感じ、しっかりとはかりごとということの意味を考えよと、神が示しているように思えてならない。

ヨブの立つ位置は非常にきついものがあったに違いない。家族を亡くし、財産を失い、無垢にもかかわらず、友人からは罪ありと責められ、世間からは病んだ肉体を罪の表れと疎んじられてしまう。神は沈黙し、ヨブは病の深さから死の淵を歩んでいるのだ。それらがサタンの所業つまり神の業にもかかわらず、31章で自らの人生の歩みを述べ連ね、神の言葉を待つヨブの潔さに感動する。

われわれ現代人には、先ほどのドキュメントの出来事はまったくの偶然だと思われる。そこには露ほどの神の影などはありえず、人間のことは人間で処理するするしかないわけで、この人も医者にかかり、睡眠薬を飲みながら夜を眠っていると紹介されていた。早く立ち直ってもらいたいと願うだけだ。私たちキリスト者でもやはりこういった事故に出遭わないとは言い切れない。私などは始終運転し、高速道路も走るから、大型トラックには注意している。

こうした不慮の事故などを知ると、やはりヨブの出来事や神の経綸などをしっかり考えて、いざという時の心の下地はある程度作っておくのもよいだろうと思う。今まで述べてきたから、私の経綸に対する思いはある程度理解していただけたと思う。

実際ヨブまでとはいかなくてもいろいろな不幸がある。それは人間の出来事なのだが、その出来事の中から今まで述べたように神のメッセージ（経綸）を聞くことはできる。そういった出来事の中に神のはかりごと（経綸）を見いだし、生きていくことが私たちには肝要だと思う。

神に逆らう者（40章）

わたしはこの口に手を置きます。（4節）
お前はわたしが定めたことを否定し
自分を無罪とするために
　わたしを有罪とさえするのか。（8節）
全能者と言い争う者よ、引き下がるのか。
神を責め立てる者よ、答えるがよい。（2節）

神の尋問に対して、ヨブは口に手を当て発言を封印する。それにしてもこれは面白い。ヨブは神を有罪としたのだ。自分が正しいのだ。神と言い争う者なのだ。こうなるとヨブは神に近い者とみなされる。神にそこまで言わせる力量がヨブにはあるのだ。世界一の無垢な義人だったヨブゆえの神のこの発言なのだ。神はヨブの身を挺した反抗にヨブの面前に現れ、世界創造を見せて、嵐を起こし、ヨブを一喝するのだった。

ヨブは、神が経綸（38章2節）と言われたので、そこですべてを悟っていたから今さら何も言うことはないのだ。それほど経綸という言葉は重い。第二の神であるイエス・キリストでも、十字架上で悲痛な叫びをあげても、神の経綸には逆らえないのだった。それだけ神のはかりごと（経綸）は重い。

関根正雄は4節の口に手を置くのを、「神の言に完全に打ちのめされたヨブがいわば神の前に無に帰したこととの表白である」（『ヨブ記註解』343頁）と指摘する。そのとおりだが、続いて「手を口にあて、もう何もいえないというのはここに神への信仰や讃美すら告白する資格のないことをいっているのである」（同頁）と言及するが、私にはそのようには思われない。なぜなら、ヨブにとっては、長く求め叫び続けてきたのは、神に会うことだったのだ。だから神がこうして面前に現れてくだされればそれでよいのだった。ヨブにはそれで十分で、何も答える必要も、反論する必要もなくなったのだ。これで死んでも満足なのだ。そして、自分が苦しんでいる理由が神の経綸のゆえとわかったから、もう何も言うことはないのだ。今、ヨブは因果応報を超える神のはかりごと（経綸）を示され、口を封印するのだった。

神の権威と信従（42章）

わたしは塵と灰の上に伏し自分を退け、悔い改めます。（6節）

ヨブは問い続けることによって、自分の存在を神に示し続けたのだ。その表れは反抗だ。反抗し、反抗して神の顕現を願い、神は根負けして対話に応じるのだった。

今述べた「根負けして」とは人間的表現だが、このことをギブソンは次のように言っている。「わたしはヨブの信仰の勝利を次のように解釈したいと思う。主イエスの譬え（ルカ一八・一―八）の執拗に求めるやもめのように、ヨブは天の門が開かれるまで激しく叩き続けた。神はヨブに語ったが、その答えは少なく、その姿を一瞬見せるのみであった。神と人間の間の空白は束の間埋められ、天の畏るべき沈黙はしばし破られた――そして、それだけでヨブには十分であった」（デイリー・スタディー・バイブル12『ヨブ記』滝沢陽一訳、新教出版社、一九九六年、435頁）。

ヨブの生きた根拠は因果応報だ。それが生きる指針であり、存在の根拠なのだ。それに従って生きていたのだ。それがサタンとの賭けで、その根拠（因果応報）が外され、ヨブは生きる根拠を失うことになるのだ。それゆえに、ヨブは自分の生きる根拠を揺るがす神の仕業に抗議し、根拠を取り外した神にその存念を聞こうとするのがこの物語なのだ。

神は顕現と、経綸という宇宙運営の仕組みを通して、ヨブの生きる根拠の因果応報が木っ端微塵に打ち砕かれてしまったのだ。絶対者のエネルギーに圧倒されるヨブがいる。義人ヨブでも神のそのエネルギーの前では一粒の泡でしかないのだった。無の中に転落してしまったヨブがいる。生きる根拠を失い宇宙に漂っているヨブがいる。ヨブにはもう何もないのだ。ヨブの足元は無なのだ。もう何もかもない無の中で自らを放棄し、灰の上に伏して、己の至らなさを吐露するのだった。

ここにヨブは限界を知る。因果応報を否定されてはヨブにはもう何も生きる根拠、自己主張の根拠はないのだ。ヨブはこの行為（塵と灰の上に伏す）を通して、神の経綸をないがしろにして、自らが経綸を司るなどの意思のないことを示し、すべてを神に委ねるのだった。

ヨブの一連の展開に見られるように、神の経綸の下では信じても絶対とは言えない怖さがあることを示している。神に示されたものでも絶対とは言えないのだ。常に神の前に謙虚で、神に聞く姿勢が要求される。つまり、信従だ。

これほどのヨブでも行いによっては義とされなかったとは、行いによっては義とされないというパウロの言葉のヨブ版なのだ。その意味でヨブ記は新約の世界観に繋がっているのだろう。

神顕現と希望への眼差し（42章10節以下）

パウロがダマスコで突然の神顕現によって神の言葉に打たれたように、ヨブは嵐の中から巻き起こる神の言葉によって打たれたのだ。そこではヨブは「塵と灰の上に伏す」という行為によって自らを放棄するしかなかったのだ（6節）。パウロが長く彷徨していたように、ヨブも長く反抗と信従を続けていたが、ここに至り神に打たれて目覚め、贖いの神を見たのだ。贖いの神に出会ったのだ。ヨブが長く贖う者を求めていたが、今ここに神は贖う者として降臨してきたのだった。

ヨブは必死に已の信を叫び続けてきたが、理不尽とも思える神の自由意思による経綸、すなわち神の思い、神の意思を受けいれ（無垢なのに罪あるようにされてしまった自分を認め）、神に隷属する者としてへりくだることによって、神はヨブを「愛《う》いやつ」と評価し義《よし》としたのだろう。

友人たちは神の前座を務めた。ヨブほどの評価はいただけなかったが、彼らなりの仕事をしたゆえにそれなりの評価を得た（9節）。こうなると神の前座を務めるのも容易ではない。

ヨブの回復は贖いを見える形として現象的に示している（10節）。付け加えれば1章で見たように大富豪だったことから、ヨブは経営感覚が鋭かったので、健康を回復して以前のように財産を再び築き、幸せな家庭生活を営んだのだろう。

ヨブの歩みは困難な状況にあっても、希望を捨てずに求め続けることの意味を私たちに示している。

ヨブに感謝。

まりや食堂のイエス

剣《つるぎ》を打ち直して
鋤《すき》とする
しずくの命に燃えし

山谷の今

山谷は外見こざっぱりしている。今山谷はドヤ（簡易宿泊所）や安いホテルにいろいろな人たちが泊まる。山谷の人は四、五千人ほどでほとんどドヤ住まいの生活保護者だ。非正規労働者と思われる人たちもドヤやアパートにいて、日雇い労働者も含めれば仕事をしている人は二、三千人はいるだろう。野宿者も五百～一千人ほど。観光やさまざまな目的で泊まる人も目立つ。山谷にたくさんの人が集中しているのは受け皿としてのさまざまな宿泊の設備があるからだ。観光客などが目立つのは、ここは他にくらべて安いからだ。ドヤは二〇〇〇円～二五〇〇円、ホテルは三〇〇〇円ぐらいだ。おじさんたちは二二〇〇円ほどのドヤに集中している。

山谷は日雇いとギャンブルと酒の街だったが、機械化、携帯電話の普及、生活様式の多様化で山谷の労働者人口は減る。昔からの日雇い労働者の多くは生活保護者となったが、今も山谷には日雇い労働者が健在だ。大概携帯電話などで親方と繋がっていて、手配師が介在することは少なくなったと思う。そして、日雇い労働者は、非正規労働者として全国に散らばっている。また、携帯の普及で寄場としての山谷に来なくても短期の仕事を得ることができるようになったが、その一部は右で述べたように山谷のドヤやアパートで生活している。

非正規労働者が山谷で生活していると考えるのは、さほど年配でない人や若い人も弁当を買いに来るからだ。私としては、そのような人たちに仕事の話などを、弁当販売窓口で取材したいとは思っていても、なにか聞きづらい雰囲気なのだ。特に若い人は苦手だ。どんなことを思っているのか見当もつかないからだ。年輩の人には聞ける。私とだいたい同世代なので、「今日の仕事はどうだった」などと。

近所にスーパーがある。買い物客に年配のおじさんの姿をたくさん見かけるのが山谷ならではの光景だ。まりや食堂の弁当を買っているおじさんもいる。まりや食堂の野菜などの食材はここから調達する。私も時折弁当などを買う。

まりや食堂は夕方四時四〇分から六時半までの約二時間の弁当屋だ。ほとんどが山谷の人だ。まりや食堂は食を通して山谷と繋がって、三十年になる。当初から来ていた方や、昔一緒に仕事をした仲間、いつの間にか来なくなった人など、販売窓口を通して私は山谷を見ている。弁当には三種類あり、のり弁一三〇円、玉子焼き弁当一六〇円、定食三〇〇円だ。金がない時はのり弁や玉子焼き弁当、ある程度食のバランスを考えているのが定食だ。

命の糧

長らく山谷で日雇い労働をしてきた体験や不安定な日雇い労働をしていた人々のこと、野宿などの生活の厳しい人々の間で食堂や弁当屋の活動を通して体験したこと、また現代においては非正規労働者が日本の労働者の四割になっていることなどを踏まえ、マルコによる福音書を中心に、貧しさとか、富のこととか、労働についてイエスの生き方を考察していく。

マルコによる福音書では体にこだわるイエスが描かれている。具体的には癒しの記事だ。何度も出てくる。汚れた霊に憑《っ》かれた人の癒し（1章21節以下）、病人の癒し（29節以下）、その他皮膚病の癒し、中風の癒し、手の癒し、悪霊に憑かれた人の癒し、娘の死からの目覚め、婦人病の癒しなど、そしてパンの奇跡や食事の話も出てくるが、これらもやはり体にかかわることだ。

病は貧しい人には最も大変なことだ。当時もそれなりに薬はあっただろうが、高額で貧しい人には手が出せなかったであろう。病気で労働ができなければ死が待っているのだ。イエスは主にそういう人に寄り添い、何らかの対応をしたのだろう。

最近読んだ本に面白いことが書いてあった。現代の話であるが、ラテンアメリカの原住民インディオの村には呪医がいる。

彼らは呪文を唱えたり、薬の葉を使ったりして病気を治すのだが、評判の呪医の家の前には朝早くから人が並ぶという（清水透『ラテンアメリカ五〇〇年――歴史のトルソー』岩波現代文庫、二〇一七年、145頁）。

この文章からイエスの姿を思い描いた。当時二千年前は金持ち用の高価な薬はあっただろう。他方では、中国の古来からの漢方薬などから推し量れば、二千年前のイスラエルにも民間で使う薬草とかはある程度あったのだろう。民間療法ではそういったものも利用しながら加持祈祷などで治療する治癒者は何人もいたに違いない。イエスの場合人々が大勢押し寄せた（1章33節）とあるから、イエスはその中でも抜群の治癒者だったのだろう。

マルコの教会では、イエスのこういった業《わざ》や行いが礼拝において述べられ、そこにはさまざまな意味が込められていただろう。まずイエスの神的なすばらしさ、神の支配が来ているという認識、そしてそれらの対象になっている人々が抽象ではなく、イエスが共に歩んだ人々はそういった癒しが必要な人々であり、イエスはそれに応えていったのだ。死んだ娘の回復は説明ができないが、やはりそういった記事が聖書にあり、それが礼拝で朗読されたのにはきちっと意味があったのだろう。

五千人のパンの奇跡でも、そんなにパンを増やせるはずはない、これはでっちあげだと非難されそうだが、これなども礼拝で朗読されたのだから意味があったのだろうと思う。

このパンの奇跡にはさまざまなことが込められていると思う。人々はイエスの癒しを求めて集まり、イエスの後を追うことが何度もあった（1章33節、1章45節、2章2節とか）。多分多くは貧しい人々だったに違いない。イエスは群衆と共にあったから、食事のことはいつも問題だった。常に何らかの方法で調達し、時には何か奇跡的方法で調達されたのだろう。

もしかすると、マルコの教会において炊き出しが行われ、大勢の人々がパンを食べたことが背景にあり、このような記事が出来上がったのかもしれない。そして実際あまりにもたくさんの人々なので、給食ができるだろうかと危ぶんだにもかかわらずうまくいったので、神の加護、キリストの加護を確信したのだろう。

いずれにしてもその背後にはパンを必要とする多くの人々がいたのだ。そういった生活の座があり、日常的に飢えた大衆がいるようなユダヤの状況がこういった奇跡物語を生み出していったのだ。

人々が飢えていた状況について『ナザレのイエス――貧しい者の希望』（L・ショットロフ／W・シュテーゲマン、大貫隆訳、日本キリスト教団出版局、一九八九年）は一世紀のパレスチナの住民の経済状態の劣悪さを指摘し、その理由は繰り返された市民戦争とローマに対する反乱であると言っている。

当時の著述家フラウィウス・ヨセフスは、占領されたエルサレムでものすごい数の貧乏人の死体があったと報告している（47頁）。

貧しい人への言及としての塗油（14章3―9節）

食事の場で一人の女がイエスに香油を注いだ。塗油の伝承をこの場所に編集したのはマルコの可能性があるという（荒井献『イエス・キリスト　下――その言葉と業』講談社学術文庫、二〇〇一年、363頁）。

この箇所の御言葉によれば、女は食卓の主イエスに最大のもてなしをし、葬りの準備をしてくれたとイエスは述べ、この女の行為が評価される。

私の目を引きつけるのは、そこに居合わせた何人かが言った、香油を売って貧しい人々に施すことができたのに、というセリフだ。これから推し量ってイエス集団は貧しい人々に施しをするなど、一定のかかわりをしていた背景が見える。そのことについて「貧しい人々はいつもあなたがたと一緒にいるから、したいときに良いことをしてやれる」（7節）というイエスの発言から、貧しい人々がイエス集団と共にいたのか、あるいは周辺部にいたと思われる。そういった人々を、イエスや弟子たちは日常的に心配し配慮していたことが推量される。食に関してはそういったかかわりが常にあったのだろう。

大貫隆はこの箇所を生前のイエスの言動を伝えるものとみなして差し支えない（大貫隆『イエスという経験』岩波書店、二〇〇三年、147頁）と言う。

食事に関しては、6章ではパンの奇跡で空腹者に応えている。貧しい人への配慮では、12章41節以下で貧しいやもめが評価されている。貧しい者の対極にいる、10章の「金持ち」の話では、金持ちは当時から警告されているが、この箇所では弟子たちが驚くほど金持ちが否定される。ここで施しにも言及されているから、施しによって金持ちは免罪されていたのだろう（マタイによる福音書25章31節以下）。施しの必要な時代であったのだろう。それは現代のことでもある。

それらの癒しでも、給食でもそれらを宣教の手段にしたのではなかった。困難な人の傍らに立つこと、そして命を救うことが第一義だったのだろうと私は思う。そのことを聖書註解も言っている。イエスはここでは「民の身体的窮乏のため配慮する人として立っている」（E・シュヴァイツァー『マルコによる福音書』高橋三郎訳、NTD新約聖書註解、一九八六年、188頁）と語る。

五千人の給食について荒井献はこう言っている。この種の伝承成立の基盤には日ごとの糧に事欠く民衆がイエスに託した希求があったと想定してよいだろう。「この希求をイエスが実際に満たしたか否かは別として、ユダヤ教の掟を破ってまでも『罪人』（その中には貧者も含まれる）と共に食事をしたイエスが（マルコ二章一五―一七節）、彼らの希求に即する形で振舞ったであろうことは想像に難くない」（前出『イエス・キリスト　下』311頁）。

旧約聖書には、少しの食べ物で多くの人を養う物語に、預言者エリヤの話（列王記上17章8―16節）や預言者エリシャの話（列王記下4章42―44節）などがある。こういう物語は「大牧者」とも呼ばれたイスラエルの神ヤハウェが民を養うという伝承だ（高尾利数『イエスとは誰か』日本放送出版協会、一九九六年、186頁参照）。

五千人の給食もそういった旧約聖書の物語を踏まえて礼拝におけるイエスの権威を示すための物語の面もあったのだろう。

五千人全員が満腹したと書かれている。女子供も入れたら大変な数の人々が、イエスと共にいて満たされることが示されている。これがイエスの福音ではないだろうか。これが神の国なのだろう。来るべき神の国なのだ。神の国ではこのように満たされるのだ。それがイエスの神の国思想なのだろう。それが原始キリスト教団のケリュグマ（福音、宣教）なのだ。

ルカによる福音書が6章20―21節で語る「貧しい人々は、幸いである、神の国はあなたがたのものである」とか「今飢えている人々は、幸いである、あなたがたは満たされる」は、イエスが宣教している神の国の姿なのだ。神の国ではイエスが宣言したようになるのだ（前出『イエスという経験』56頁参照）。これがイエスが描く世界観だったのだ。神の国では飢えた人は満たされるのだ（三好迪『小さき者の友イエス』新教出版社、一九八七年、158頁以下参照）。

会食を通してのイエスの生き方

イエスにとって食卓で大事なのは徴税人や罪びととの会食だった。イエスは宣教を通して歩む中で癒しとそういった人たちとの食卓にいそしんだのだろうと思う。食卓がユダヤ教では大事であるがゆえに、食卓の席に徴税人や罪びとが同席するのをユダヤ人は許せなかったのだが、イエスにとっては社会的にのけ者とされた人々と交わりを持つことに意味があるのだ（マルコによる福音書2章13―17節）。こうしてみると、イエスは時代に頭を下げて押し流される精神構造ではなく、状況に対して極めて挑戦的に生き、そのようなイエスの生き方がさまざまな論争を引き起こし、ユダヤ教と鋭い対立を生み出していったのだろう。

いずれにしてもイエスは食卓を囲んだことが幾度もあったに違いない。当然なことで人は食事が必要なのだから。その食卓を通してさまざまなエピソードがあったのだ。重い皮膚病の人シモンの家の食卓では塗油と貧乏人が話題になり、徴税人のところでは罪びととの食事が律法違反とされ論争する。過越《すぎこし》の食事の席では（14章12―21節）、弟子の一人が自分を裏切ると断言するイエスの言葉に、弟子たちの人間としての動揺までもが克明に描かれ、「まさか私のことでは」と代わる代わる言う始末である。

そこに込められた「私では」というセリフには人間の深い実存が込められている。弟子は皆イエスを慕って従ったのだが、ファリサイ派の人々やユダヤ当局との鋭い対立がイエスの歩みの時々に生じた。弟子たちも当然にその渦中にあったから、何らかの危害とか障害がイエス集団に生じた際には、弟子たちに動揺が起きて何事かが生じる可能性は十分にあっただろうと思う。そんなことに思いをはせながら、弟子たちが自分の立場や自らの心の内を覗いてイエスの言葉に動揺するのは仕方のないことなのだろうと想像する。

このようにして食卓を通してイエスや、イエスの集団の生き方が示され、イエス集団にかかわっている人々の綾なす重層的な歩みが面前に示されている。

まりや食堂

まりや食堂のでき方は五千人の給食に似ている。五千人へのパンは奇跡だ。まりや食堂も奇跡なのだ。まず、一介の無名の日雇いをしている牧師のところに三〇〇〇万円もの献金が集まったからだ。やはり奇跡だ。神は必要と思われる時に力を見せる方だ。私はパンの奇跡を読むたびにまりや食堂の尋常ならざるでき方を思い起こす。

パンの奇跡の五千人の群衆はお腹が空いてパンがほしかったのだ。これほどの人数でないにしても、話を聞きに来た多くの人々が何らかの方法でパンを獲得したのだろう。良心的な金持ちがパンを提供したのかもしれない。

まりや食堂がそうだった。やはり無名の牧師では力不足で金が十分には集まらないので、集めた分を返そうと考えていた時に、篤志家が自分の家を担保にして私たちは金を工面することができ、十年ぐらいかけて返済した。篤志家はいるものだ。なにか奇跡が奇跡を呼ぶようなぐあいにまりや食堂はできた。パンの奇跡では、人々のパンの必要性によってイエスの業が行われたように、まりや食堂もその必要性によって奇跡的に生み出されたのだった。

少し客が減ったとは言え、現在七十人から百人もの人が弁当を買いに来る。食堂の時は、客が多く、途中でオーダーをストップしたり、ある時はスーパーにご飯を買い出しに行ったりした。他で炊き出しがある場合、客が減るのだが、最近はその日でも約九十人が来る。炊き出しとは別に、この弁当を心待ちにしてくれている人がそれほどいることを示している。また炊き出しの一食では足りないのでまりや食堂に来るのだ。まりや食堂はいつもやっているから山谷のオアシスだ。

弁当を販売しながら弁当の窓口で出会った人を集会に誘うとか病院に見舞いに行くなどしてきたが、今は人手不足で、ひたすら弁当に集中している。

生活の厳しい人の隣人となる仕事としてまりや食堂を、三十年にわたり運営しているが、最近はボランティア不足になっている。それはボランティアもそれぞれの生活の事情から、貧しくされている人の隣人になるところまでは手が回らない人もいて、今は週に四日しか店を開けられない状態になってきた。

隣人愛について

隣人について重要な戒めが、マルコによる福音書12章の29―31節にある。神を愛しなさい。二番目に隣人を愛しなさいとある。隣人愛とは抽象的ではなく、ルカによる福音書にあるよきサマリア人のように具体的行為だ。イエスは神を大事にすることの次に、第二の戒めとして、隣人愛を置くほどに隣人愛を大切にしている。

イエスにとっては神を愛する掟の次に隣人愛が重要なので、安息日を無視して困難な人の隣人になったのだ。マルコの教会などはユダヤ教と競合していたからユダヤ教批判でもあるだろう。

ユダヤ教では安息日は神を愛する次に重要だ。十戒では二番目に安息日順守が求められている。旧約聖書にも両方の「愛せよ」はある。申命記6章の5節には「主を愛せよ」。レビ記19章の18節には「隣人を愛せよ」とある。だが、それぞれ単独だ。マルコの箇所のように併記してある例は旧約にはない。これは伝承か、原始キリスト教団作成だろう（荒井献『イエス・キリスト　下』220―221頁による）。

神を愛する掟の次に隣人愛が置かれたのは、それだけ隣人愛が大切なことであり、その実践者がイエスだった。教会はそのように教え実践していたのかもしれない。

ところがマタイによる福音書6章の25節は「命（プシュケー）のことでわずらうな」と、食べ物へのこだわりを否定する。マタイのこの言葉はある程度生活ができる水準の人々の倫理観だろう。日雇いや貧しい人は食べることで思い悩むのだ。そこにまりや食堂と私の存在の意味がある。まりや食堂のイエスはそのように食べることに困っている人を心配しているイエスなのだ。

マタイ福音書は極めて倫理的教えを説いているので、このような話が出てきたのだろう。だが、飯は命の糧だ。そのための癒しでもある。病気では食っていけない。体を治して命を養わなくてはならないのだ。イエスの時代、多くの人は貧しかった。その上に病気では生きてはいけないだろう。やはりイエスのような癒し人がほしいのだ。病気さえ回復すれば日雇いの仕事などで食べていけるのだ。それで大勢の人がイエスのところに押しかけていったのだ。だから体の癒しは福音だ。

命（プシュケー）についてパウロは、コリントの信徒への手紙一15章42―50節で、命（プシュケー）の体（ソーマ）で蒔《ま》かれ、霊（プニューマ）の体（ソーマ）で復活すると言っている。命の体とは命のある体だ、つまり生きている体ということだ。だからパウロはそういった体を肯定している。その体がなければ復活の体もない。だから、マタイにおいて否定的なプシュケーもソーマも重要なのだ。

お腹について

お腹を空かしてひもじいという教会員はいないと思う。現実には母子家庭の人が生活保護を受けずに餓死したというニュースを聞いたことがある。今は生活保護が受けやすくなり、野宿の数が少なくなったが、それでもまりや食堂の弁当屋には、野宿の人と思われる人がのり弁をほぼ毎日買いに来る。握りしめた百円玉と十円玉三枚をぽんと置いて「のり弁」と言う。だからここでは一三〇円あれば結構腹いっぱいのご飯が食べられる。中盛りは三四〇グラムあるが、セブンイレブンのおにぎり二個半に相当する。私には中盛りでも、半分ほどは家に持ち帰り食べるような分量だ。大盛りはやたら多く、四四〇グラムだ。おにぎり三個分。この大盛りを二個買う人が何人もいる。多分一日持つ量だと思う。

空腹にさせることは犯罪と同じで、腹いっぱいになるのはよいことで幸せだ。私たちが本当に空腹を感じたりするのは、多分検査のためにご飯を抜いた時ぐらいだと思う。その時には空腹は辛いなと感じる。

今山谷は生活保護者が多くなり、以前のように深刻に飢えを心配することも少なくなったが、それでも野宿者はいるし、生活保護といっても生活をぎりぎりのところでしているから、まりや食堂のでかいご飯は幸せを運ぶ。

米の献品が多い時はご飯の分量を増やすことにしている。おかずとして単品もある（三〇円）。時に入れ忘れて、客に叱られる。私がいつもボランティアに言うのは、三〇円でも貴重なお金から出しているのだから間違わないようにということである。

山谷はかつて日雇いとギャンブルと酒の街でもあった。アルコールにはまってしまうと抜けきれなくなり死に急ぐことになる。何人もそういった人を世話したが、立ち直ったのは一人だけで、その人も今はどうなったかは定かではない。

その点でギャンブルの方がまだましかもしれない。これは体を損ねないからだ。多くは競輪、競馬、オート、中にはパチンコ。パチンコは惨めだ。今のは自動だから一万円擦《す》るのはあっという間だ。浅草場外で馬券が買える。山谷の多くの人はそこに通いギャンブルを人生の楽しみにしているらしい。人は何か楽しみがないと寂しいから、けっこうなことだと思うが、できるだけ自分の生活保護の枠で収めるようにしてもらいたいと願っている。

まりや食堂の弁当を買う人も、多くは月の半ば過ぎからふところが苦しくなっている。聞けば大概ギャンブルでやられているらしい。そして玉子焼き弁当やのり弁を注文して当座をしのぐことになるのだ。まりや食堂の弁当は山谷のおじさんが少しでも文化的生活ができるように安く提供して、お金を浮かし人生を楽しんでもらいたいと願っていたので、少しはよかったのかなと思う。

おじさんたちはそれぞれが若い時は日雇い労働者として日本社会に貢献し、産業の一番下にいて使い捨てのような労働生活を終えた今、多くは生活保護者になり、共同浴場と共同トイレがついているドヤ（簡易宿泊所）が住まいだ。二畳半ほどの個室が生活空間で、洗濯はコインランドリー、食事は大概外食だ。

その外食の一翼を担うまりや食堂の前には、時間前にもう十人ぐらいの人が並んでいる。イエスはまりや食堂の弁当の一包みと三〇円の単品と共にいて、弁当を買いに来る山谷のおじさんの腹の中に収まるのだ。こうしてイエスはおじさんたちと共に歩んでいる。

裕福層

こういった一番の下積みの生き方の反対側に裕福層がいる。裕福層はこういった労働階層を働かせて豊かになっている。イエスは貧しい人や病人や社会的にのけものにされていたような人たちの隣にいたから当然、金持ちには厳しい姿勢を見せる。

マルコによる福音書10章17節以下の金持ちへの言及は、金持ちを題材にして貧しい者への施しが強調されているように思う。多分この金持ちは永遠の命のために、宗教にも熱心で十戒などもきちっと守っていたのだ。十戒の中には隣の家を欲してはならないなどとも書かれているから、隣人を考慮することもあったのだろう。さらに申命記15章は苦しい貧しい人を配慮することを命じているから、この金持ちはある程度はそれらを実行していたことは推測できる。その金持ちはかなり良心的な人だったに違いない。しかし、ここでのイエスの発言は厳しいものがある。財産を売り払い貧しい人へ施せと言うのだから。

財産を拠出して共同生活を送るなど、原始キリスト教団にはそういった傾向があったのだろうが、マルコの伝承は金持ちに厳しく、貧しい人を配慮する姿がここに見える。その後に述べられている金持ちとラクダのたとえ話では金持ちの天国への可能性がないことが言及され、弟子たちは仰天している。旧約の世界では裕福は神の祝福において生じるのだろう。ヨブもその一人だったのだ。だから、イエスの時代において裕福層が必ずしも否定されたわけではないだろうが、福音書は総じて金持ちには否定的だ。

貧困者への言及と裕福層

再び貧しい人たちに目を移すと、貧困者の生活への言及としてはブドウ園の労働者のたとえの話（マタイによる福音書20章1―15節）が有名だ。この話から当時の日雇い労働者、つまり貧しい人の現実が見える。日雇い労働者がどのように取り扱われているかについて、ブドウ園で雇われる日雇い労働者から考えてみる。

この箇所は天の国の例として、後にいる者が先になり、先にいる者が後になる、と以前から信仰を持った者でも、気を付けないと最近信仰を持った者に追い越されると警告している。

私はこの物語の労働者の姿に関心がある。実際こういったことが古代においては日常的に行われていたのだろう。当時常用などはごく一部で、多くの労働者はこんな状態だったと思う。労働者のたまりがあって、経営者はそこに行って必要な労働者を雇ったのだ。これは以前の山谷と同じだ。

山谷では、私が日雇いをしていた頃は四〇メーターほどの大通りが、朝の四時ぐらいから労働者で埋め尽くされるほどだった。手配師はその中から労働者を選んで、現場に送り出していた。また、街の角々の縄張りにも手配師がいて、その周りに労働者が集まり、手配を待っていたりした。中にはあぶれ（不採用）て仕事がない人などもいた。手配師の姿はこの聖書の経営者の姿とまったく同じ状態だった。

ただこの人の普通でないのは、とても気前の良い経営者だということだ。それは後で雇った人にも同一賃金を払ったからだ。これは、実際にはありえず、夕方四時に来た者は、終わる時間が五時だから、一時間分しか賃金をもらえないはずだ。それだけのお金では一日の生活費には足りないから、野宿をしてその日をしのぐことになるのだろう。

山谷は以前は結構野宿のできるところが多かった。一番はいろは通りのアーケイド街だ。雨が当たらないから都合がよい。地元の人もおおらかでそれを黙認していた。黙認には理由があって、日雇い労働者五千人がそこの商店街のさまざまな店に金を落としていたからである。飲み屋、酒屋、食堂、衣料品店などだ。多くの現役労働者が他所に行くより、アーケイド街を利用していたのは、その周辺にたくさんあるドヤに泊まっていたからだ。

日雇い労働者は仕事があればお金を落とすが、仕事のない時や、仕事が少なかったりして野宿の場合もあるわけで、そういった日雇い雇用の事情を知っている商店街はおじさんたちに好意的なのだ。私が日雇いの時も何度か不景気の時があった。日雇いは仕事がなければたちまち野宿だ。今はそのアーケイドが取り払われ、とても寂しい街になってしまった。

この聖書の後から来た労働者は現実では一時間分の賃金二〇〇〇円か三〇〇〇円ぐらいしかもらえない。この状況を現代に置き換えると、この金はドヤ代には回さないで今晩は野宿だ。金は今晩と明日の朝と昼までの腹ごしらえのために取っておくのだ。

こういった時にまりや食堂があったのだ。三五〇円の夕飯、卵ご飯二〇〇円、現在であれば弁当が三〇〇円、のり弁一三〇円、玉子焼き弁当一六〇円だ、ご飯はたくさん入っている。これでしのげるのだ。こういうわけで仕事のない人などが利用するので、当時まりや食堂はたくさんの労働者が食事に来ていた。途中でオーダーをストップしないとご飯が持たなかった。

今のまりや食堂の弁当なら、仕事がなくてという場合に、一三〇円あればご飯が食べられるのだ。大盛りはガッチリ腹がいっぱいになる。まりや食堂のイエスはそういったイエスなのだ。しっかりご飯を食べて明日に備えることを願うイエスなのだ。小さい人（貧しい人、病の人等）を配慮するイエスなのだ。イエスのケリュグマ（福音、宣教）は貧しい人にとっては飯を食べることだ。それは礼拝で説教を聞くこと、礼拝をすることと同等なのだ。

話を戻すと、先ほどの農園で遅い時間に雇った者にも同じ賃金を支払えば、早く雇われた労働者はみな文句を言うに決まっている。でもこの経営者が正しいのだ。誰でもその日を食っていかなくてはならないからだ。イエスは貧しい者への配慮を強く考えるから、こういったたとえで日雇い労働者を支えたのかもしれない。誰にでも一日食べることのできる賃金はすばらしいことだが、今の社会はその逆の格差社会だ。

また、他面ではこのたとえの話は私には現実に真実だった。私の体験によると、私が初めて表に立ち、日雇いの仕事を手配師からもらい古参の人の引率で、ある建築現場で片付けの仕事をした。帰りに得たでづら（賃金）は全員が同じなのには驚いた。私などろくに仕事がわからないから、仕事の量は古参の方がたくさんこなしているはずだ。それが新人も古参も同一賃金だとは、聖書のこの経営者のしていること（誰にも一日が食べられる賃金を支払うこと）と同じだなと感じた。つまり、日雇いの労働量は違うけれども同じ時間（労働の八時間）を拘束したので同じ賃金を払ったのだろう。同一賃金という平等はすばらしいことだと思った。

この日雇いとは今流で言えば非正規労働者のことだ。今の時代は非正規労働者が全労働者の四割を占めているという。これは産業がグローバル化したためだ。日本の賃金が高ければ企業は外国に逃げていく。またグローバル競争では設備投資など競争力を高めるため、あるいは株主を優遇するために労働者の賃金を低く抑える方向にある。

そういった貧しい人たちに対する配慮が、マタイによる福音書25章31節以下の最後の審判で展開されている。

古代ローマ帝国の構造を憶測すれば、支配地域からさまざまな税金を取り立て、しかも貧しい人たちへの配慮などは皆無だった。前で見たブドウ園のような支配層による土地所有があり、雇用はほとんどが日雇いの貧しい人たちで、わずかな賃金のために貧しい階層はひどい生活を強いられていたのだろう。

その中で古代ローマ帝国が支配する地中海地方に広まったキリスト教が市民権などを得てきた時に、社会的に貧しい人や日雇い的な人々を配慮するために、教会は教会の終末論的生き方において教会の小さき者への配慮を考え、マタイの25章31節以下などの文書において裕福層への警告が述べられ、そういった小さき者へ手を差し伸べることが求められたのだろう。もしかすると五千人のパンの奇跡のように、教会から外部に対しても貧しい人への施しがあったのかもしれない。いずれにしても、こういった小さな者への言及によって、マルコによる福音書の10章の金持ちへの厳しい姿勢は薄められていったのだ。

私はこういったマタイによる福音書の御言葉（25章31－46節）が社会化されることが必要だと考えている。つまり制度がこういった考えを取り入れて行政を行うことが現代では重要だと思う。きつい競争社会、能力主義の社会だから、他方では人間を支え、豊かにする制度も採用することが必要ではないかと考える。

日本でも貧しい人を配慮する視点から、スウェーデンのように高い税金と良い老後の保障まではいかなくても、たとえば、制度で裕福層や大企業から福祉税（隣人愛税）とかいう形で税金を徴収して貧しい人たちにさまざまな形で還元するのが良いのではないか。

経済学者ピケティが言うように合理的な競争社会では、強い者に富が偏在するから、人間社会は市場主義だけでは行き詰まるだろう。やはり社会が安定し、誰もがましな生活を行うためには倫理的な規範がいるのだ。それは倫理としての累進課税だ。税制面で累進課税を強化して、富の再分配を図るのが人間的な政策だと思う。税制を変えて累進課税を強化せよと橘木俊詔は言っている。最高税率を五〇パーセントまで上げるように提言している。こうした社会政策で一部の人たちの富の偏在を累進課税によって取り壊し、社会的公平を少しでも作ることが必要だ（橘木俊詔『格差社会——何が問題なのか』岩波新書、二〇〇七年）。ピケティも高額の累進課税を超裕福層にかけることを提案している。

累進課税も聖書的にはマタイによる福音書25章の精神の雰囲気を持つが、このような税制によって、あるいは福祉税などを立ち上げて少しでも小さくされた人々を配慮する社会を志向していきたいものだと思う。

一九三二年、スウェーデンの政権は「国民の家」というビジョンを掲げる。国家を家族のように組織し、つまり、国家を「分かち合い」の原理によって作っていくのだ。家族ではすべての構成員の存在が必要であると、相互に認識されている。国家も同様にあるべきだという考えだ。あらゆる国民にも貢献していくことを義務とする国家だ。

さらに、家族内部では共同責任が原則となる。家族のケアも共同責任だ。同様にこの国家にとっては国民の福祉は共同責任となる。国民はすべての国民のために、共同責任として租税を負担するのである（神野直彦『「分かち合い」の経済学』岩波新書、二〇一〇年）。

非常にすばらしい実践だ。家族をないがしろにする人はいないから、家族を社会組織の基本モデルとして社会制度を作るのは面白い。これは経済制度にも言えるのだろう。国民の家としての国家ならば、あらゆる構成員の存在が大切であるから、すべての労働に対しては適切な賃金が支払われるように、経済を指導する必要があるだろう。だが、経済は競争原理に基づくから、敗れた人を社会制度で救済するのが国民の家の社会制度だ。

この富の再分配についてベーシック・インカムという考えがある。これについては原田泰『ベーシック・インカム――国家は貧困問題を解決できるか』（中公新書、二〇一五年）から紹介する。

これは富の再分配のラディカルな考えだ。ベーシック・インカム（BI）は基礎的収入と訳される。これはすべての人に最低限の健康で文化的な生活をするための所得をただで給付するという制度だ。ベーシック・インカムは基本的にすべての人の年間所得を「自分の所得×〇・七＋BI八四万円」とする。所得のない人も八四万円が保障されるが、自分の得た所得の三割が課税される。扶養控除や基礎控除などほとんどの控除を廃止する（128頁）。

実際多くの人にとって貧困とは所得が少ないことだ。現行の生活保護制度の問題は給付が十分か否かではなくて、もらうべき人がもらっていないことだ、と言う。

この本のデータは二〇〇六年の資料で、生活保護受給者は人口の一、二パーセント、生活保護費以下の収入で生活している人は一三パーセントとなっている（25頁）。

ネットでしらべると二〇一四年のデータでは、生活保護受給者は人口の二パーセント、これは生活保護が必要な人数の三〇パーセントで、必要な人のうち七〇パーセントは捕捉されていないと、指摘している。

日本では九九〇万人が年に八四万円以下の所得で暮らしている。この人々が八四万円以上の所得が得られるように追加的に給付する費用は二兆円に過ぎない（179頁）。

生活保護者が肩身の狭い思いをし、生活保護費が高いと目くじらを立てている人もいるが、全員に基礎年金的給付（ベーシック・インカム）をすればどこにも角は立たない。今、生活保護者は仕事につくにはいろいろと制約があるが、ベーシック・インカムでは何の制限もないから、遠慮なく仕事を探し、仕事への意欲も湧くだろう。非正規労働者も基礎的収入があれば働きやすい（182頁参照）。

前で述べた聖書のたとえの一時間しか仕事がなかった日雇い労働者でも、この基礎収入があれば助かる。この本を読んで印象深いのは、貧困とは金のないことだから、お金を給付すれば貧困は解決すると、繰り返し言っていることだ。貧困解消のとても単純な解決策だ。財源等にしても技術的にやれると言っている。

多くの社会主義国の政治、経済が失敗し、資本主義社会の自由競争が良いとなったが、自由競争は強い者、能力のある者が勝者になるのは当たり前だから、累進課税や右で述べたようなキリスト教の精神の社会化、制度化が重要だと思っている。またベーシック・インカムなども前で述べた小さくされた者への配慮の一制度だと思う。これは、日雇い労働者に働いた時間の多寡にもかかわらず同じ賃金を払った聖書のたとえ話の経営者の考えに近いと思う。格差がどんどん開く現代資本主義社会にあっては、一歩でも二歩でも貧しい人が幸いになる国を目指さなくてはならない。

最後に、神学者がイエスをどう理解しているかについて、私の感想を交えながら述べる。

マルコは最初に書かれた福音書として体に関する言及が多いのは、やはり体の癒しに関心があったからだ。言い換えれば体の悪い人にとっては、体の癒しは福音なのだ。ひもじい人には、ご飯が福音なのだとマルコは考えたのだろう。実際日雇いをしている時に、朝ご飯を食べないで、手配師から仕事をもらい日雇いに行く人もいた。金がなくて朝ご飯を食べていないのだ。空腹で肉体労働をすることは大変なきつさだ。やはり飢えている人にとっては、飯は福音なのだ。

そこのところを大貫隆は、マルコの福音書がユダヤ教のメシア論を満足させるほどの奇跡ではないにもかかわらず、「マルコが癒しの奇跡を数多く語ったのは、それが生前のイエスの生の実際に沿うものであったからであろう」（『マルコによる福音書注解I』リーフ・バイブル・コンメンタリーシリーズ、日本基督教団出版局、一九九三年、24頁）と述べている。その奇跡的癒し等がユダヤ教側の反感を買い、十字架に死なざるをえなかった中に、イエスが神の子・キリストであることを証していると語る。

同じような視点でイエスの生き方と死を田川建三は述べている。イエスの奇跡物語が多く語られているのは社会的必要に対応していたのである。奇跡物語を抜きにして語ることは観念を語るに過ぎない。イエスは奇跡信仰の波に乗って熱狂的に突っ走り、大衆的には奇跡信仰に乗った熱狂的人気だった。それに加えて鋭い社会批判、宗教批判ゆえに権力としてはイエスを十字架につける必要性があったと語る（『イエスという男』作品社、二〇〇四年、364―365頁参照）。

上で引用した大貫のイエス理解が、私には説得力があるように思える。イエスは貧しい人や困難な人や病人を配慮する方であり、そういった人々の隣人になった方なのだ。まりや食堂はイエスに倣《なら》い、食に関して生活の厳しい人を少しでも下支えしようと日々歩んでいる。

（「まりや食堂のイエス」はある教会の婦人会の講演を基礎にした）

明治維新への眼差し

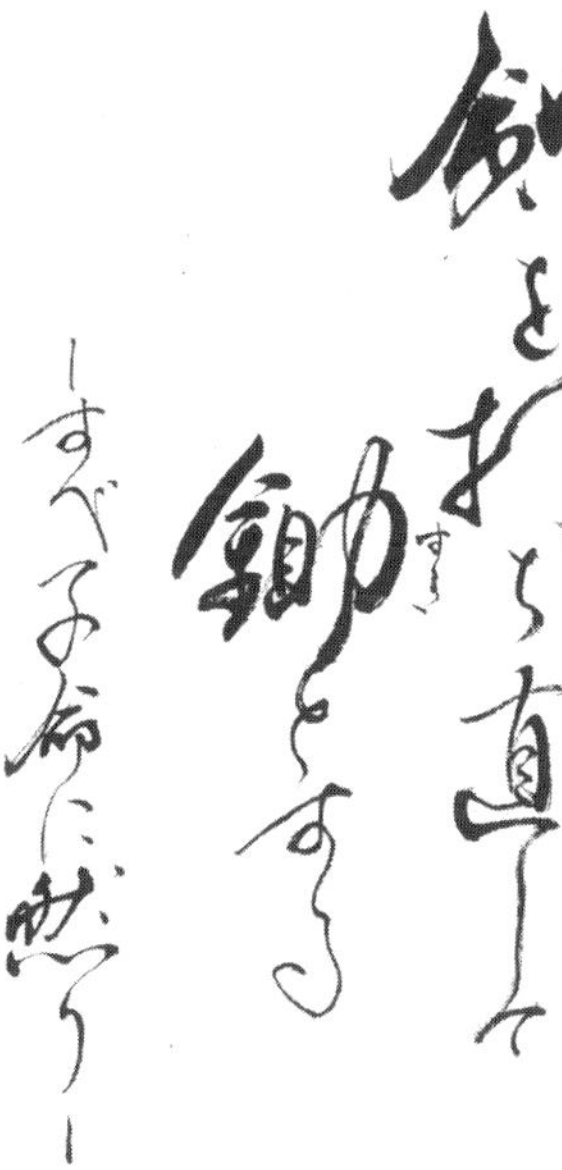

世界史の中で

まず『世界史のなかの明治維新』（芝原拓自、岩波新書、一九七七年）を通し十九世紀後半の世界とアジア、日本を巡る国際情勢について見ていく。

徳川体制は黒船が来ることによって崩壊の道を急速に進んだ。それ以前から経済の仕組みは破綻をきたしていた。幕府はアメリカやイギリスに対して対外的に屈従的な条約を結ぶが、専断的政治で海外と条約を結んだゆえに激しい尊皇攘夷運動が起きた。徳川幕府が崩壊して明治政府が受け継いだものは、大砲と衣類等の安価な商品の威圧による半植民地化した外圧だった。

幕府が屈従的な条約を結ばざるをえない背景は、中国のアヘン戦争で西欧の軍隊の武力がどれだけ凄まじいかを感じていたことにある。そういう圧力の下、不平等条約で日本は関税を自由にできないことが日本の産業に打撃を与えた。また外国の軍隊が日本に駐留し、治外法権だった。このように非常に日本を侮辱するようなさまざまな条約を明治政府は受け継ぎ、国威を侵害されていると感じていた。

経済的に見ると丁度この時期に資本主義が活発化して、西欧は海外へどんどん進出していく。産業革命で得た力でさまざまな物品を作り出して、それを海外に輸出することで、産業を拡大していた。その中で中国やベトナムとかが植民地化された。そういった時代の中に日本があり、日本の市場開放は西欧の至上命令だった。いわば世界市場への編入だ。世界的に見ると日本の開国は資本主義体制における市場開放、世界市場への編入の一つの流れだ。こうして、嫌でも資本主義体制の中に組み込まれていった。それが黒船が来て開国することの意味だ。それを明治政府は引き継いだ。

開国によって、外国から輸入品が無制限に入ってきて、関税が五パーセントしか掛けられないので、日本の綿織物とか砂糖産業が大打撃を受けた。生糸は海外に輸出してかえって良かったわけだが、海外のものがたくさん入ってきて、既存の産業は非常に打撃を受け、その結果、農民大衆の零落、貧困化とプロレタリア化が生じた。それが明治政府の経済的状況だった。

幕末の政治運動

『幕末史』（佐々木克、ちくま新書、二〇一四年）は、明治維新が第二次世界大戦までの日本の方向を決めてしまったという視点から幕末の政治運動を見ている。政権奪取は次のとおりだ。この本を中心に見ていく。

一八五三年ペリー来る。砲艦外交で他人の国へ土足で侵入。一八五四年に不平等条約締結。半未開国として差別し、自主性を奪う。ペリーの肩書は「東インド艦隊司令長官」だ。当時日本やインドも含めアジア地域は東インドと言われていた。この艦隊は東インドをその勢力圏に収め、行動していたのだ。

大老、井伊直弼は幕府の権限として通商条約に調印する。砲艦外交で押し切られたのだ。ペリーは、アメリカは植民地を欲するのではなくて貿易を希望している、アメリカと通商条約を結べば他の国は植民地化できないだろうと説得したという。イギリス大使館の書記官サトウは植民地時代は終わったと言っている。植民地は採算が合わないのだ。

屈辱的外国の行動に対して、日本は富国強兵で立ち向かうしかないことを自覚する。そのように自覚する者たちが行動を起こすのだ。それが破約攘夷だ。これは条約改定という意味だ。国力をつけて不平等条約を変えるのだ。

天皇は条約に反対。朝廷内部でも開国派と攘夷派があり、対立していた。孝明天皇は開国に反対なのだ。一八六〇年、安政の大獄で井伊直弼は反幕府的人々を弾圧。その反発で、桜田門外で水戸藩浪士に暗殺される。

将軍、幕府を最も守るはずの御三家の水戸藩元藩士が大老を暗殺したことは幕政が混乱し、弱体化していることを示すことになった。このあたりから幕府の権威は落ちて、雄藩や朝廷の権威が強くなっていく。幕府は雄藩や朝廷との提携なしには幕府の運営が難しくなり、ここから公武合体論が出てくる。

一八六二年、皇女和宮と将軍家茂結婚。挙国一致政策だ（著者はこの一致が必要と繰り返し説く）。公武合体では天皇を岩倉具視が支える。公武合体で日本を守ろうとするのだ。天皇の内命で薩摩藩が京に入る。天皇は穏健攘夷派。その前に長州が京に入っている。長州藩は尊王攘夷派の過激派の公家と連帯し、京において影響力を強める。京都には勤王の志士といわれる連中が集まっていた。

尊王論と攘夷論が合体して尊王攘夷運動が盛り上がる。有力藩主が会合し、日本の在り方を考え、公武合体合議制（一種の共和制だ）がよいだろうとなる。

長州は外国船を攻撃するが惨敗。薩摩藩も敗れる。誠忠組が薩摩英国（薩英）戦争で奮闘し、政治力を持ち、島津久光と久光派は劣勢になり、政局を見いだせず西郷隆盛が前面に出る。久光などでは封建君臣体制を壊すことは不可能だったのだ。

薩摩藩などの協力で朝廷政変実行。三条ら攘夷強硬派は追放、長州は撤退する。その後京において長州藩士が殺されるなどして長州藩は京へ出兵し、禁門の変で敗れる。薩摩藩は朝廷穏健派の側にいた。

四か国連合艦隊が長州をたたく。莫大な損害賠償を要求。朝廷の敵として、長州討伐の命が下る。長州藩は三家老の切腹で決着。高杉晋作が遊撃隊士らと挙兵し、藩内戦争に勝ち、実権を握る。長州は新体制になり再生した。薩摩藩は新体制を支持し長州征伐に参加しない。長州を支援。鉄砲を薩摩名義で買い、長州に譲る。二度目の討伐で長州は勝つ。幕府の弱体化がはっきりする。薩摩、長州は同盟を結ぶ。

薩摩も長州も外国には勝てないことを自覚。開国して富国強兵しかないことを痛感した。何とか日本が独立した国として力をつけるためには、今の幕府では無理だから、倒幕して新しい日本を作る必要ありと、二つの藩は理解した。

孝明天皇は攘夷一辺倒で世間を見る目がなく、のちに急死。薩摩、長州ら王政復古派が指導権を握りつつあった。それらには武力討幕派と合議体制派が混じっていた。

将軍慶喜は大政奉還する。慶喜は奉還して合議制になれば指導の権が握れると考えていた。それは慶喜の幕府の機構と軍事力が強かったからだ。合議制によって慶喜による専制体制を図る考えだ。

王政復古クーデターを岩倉が中心にして行う。薩摩、長州他の雄藩が加わる。天皇を中心とする国家を考えている武力討幕派は実力で慶喜を排除することを計画。雄藩の一部は慶喜を排除することに反対するが、西郷らは力で押し切る。

幕府との膠着状態の突破のために、西郷らは徳川幕府と戦争を決意し、挑発行為として江戸を荒らしまわる。無頼漢を使い、火付け強盗を行う。薩摩邸が焼き討ちされ、幕府は出兵する。いわゆる戊辰戦争だ。幕府敗北。西郷らの江戸総攻撃に反対の圧力をかけたのはイギリス大使パークスだ。混乱すると商取引が減るからだ。こうして挙国一致の体制ができた。

明治政府

一八七一年、明治政府の大久保利通一行、世界視察。大久保はイギリスなどの巨大な精巧な機械に圧倒される。国家建設の方法をドイツのビスマルクから学び、日本に専制国家を作る。ここには明治政府の政治的体質、体制がある。彼らは庶民出身ではなく、武士階級の出身ゆえに専制的、封建的体質の持ち主だ。そういった体質に合ったのがビスマルクの世界観なのだろう。

征韓論に敗れ、西郷は下野する。一八七五年江華島事件が起きる。これにより日本は朝鮮の港を開港させ、自由貿易を強制。日本が列強から受けたことと同じことをする。一八七六年に朝鮮に開港させ不平等条約を強制する。西欧が日本と貿易をして利益をあげたように、日本も朝鮮に対して不平等な条約を結んで日本の製品をどんどん輸出して儲ける。富国強兵で強い日本を作り西欧と対等になっていこうという日本の意識がアジア侵略の方向へと駆り立てていったのだ。その後日本は朝鮮を合併し、中国にも進出して領土を獲得する。そして最終的には第二次大戦の泥沼に突進していくのだった。

殖産興業

大久保は殖産興業に力を入れる。官営諸工場、主要鉱山などの払い下げなど上からの資本主義化が強力になされた。その推進力は独立、富国強兵、脱亜、入欧という精神的構造だ。

明治初頭の企業の勃興は江戸に受け皿があったからこそ西欧の機械文明を吸収できた。それを『維新の構想と展開』（鈴木淳、講談社学術文庫　日本の歴史20、二〇一〇年、261頁以下）を通して具体的に見ていく。

政府が資本を投下しなくてはならなかったが、江戸の末期には商品経済の頂点の商人層は相当の蓄財をしていた。開港で売り込み、商人は莫大な利益を得た。貿易で急速な利益をなした者もいた。最上位は岩崎、住友、三井、安田、大倉など。彼らの蓄積した資本が、産業革命を達成した欧米諸国の生産力水準に見合う生産手段を購入する資金となったのだ。下層労働力はふんだんにあった。

製糸業においては機械製糸の進展がいちじるしい。会社の多くは、輸入された機械によって建設された富岡製糸場を模倣。またそれを参考にしながら、多くの農民は創意工夫し、動力を水車や人力にするなどした。あるいは蒸気を供給するボイラーを工夫するなどして製糸業の工場制工業化が進んだ。

紡績や、製紙業などは日本の条件に合うものを輸入して使う移植産業だったが、製糸業は西欧式の工場を参考に、国内で何とか生産できる機械を用いて操業した。

石炭採掘の蒸気機関によるポンプや巻き揚げ機なども、適宜創意工夫されて採掘場に合うようにされてきた。日本にはこういった受け皿としてインフラの整備や適応能力があったがゆえに文明が一気に開化したのだろう。

しかし、紡績業が機械の効率を優先し、労働者は二交代制、十二時間労働だった。深夜の就業や昼夜業の交代による労働者の負担は重かった（同263頁）。二〇一四年に富岡製糸場跡が世界遺産に登録され世間の注目するところとなる。だが、『あゝ野麦峠』の映画のように、はなばなしい輸出産業・紡績業の裏には工女哀史があったのだろう。地主制下の農村は貧しく、女子が工女として低賃金、長時間働かされ、国際競争力に勝ち抜き、一九〇五年には日本の生糸輸出は大規模となり、世界最大の生糸輸出国になった。そこでは資本の原始蓄積のため、富国強兵のために貧しい労働者が徹底的に酷使されたのだ。

そういった歴史の流れの中で、官営富岡製糸場の役割は指導的工女の育成場であったようだ。これはまさに富国強兵の先兵の育成を意味するのだ。彼女らはそこで製糸の訓練を受け、さまざまな地域の製糸工場の工女などの下層労働者を生み出し、育てる役割を担っていくのだった。さまざまな地域の工女たちはその指導によって質の良い生糸を生産し日本の近代化に貢献したのだ。

一八九四（明治二七）年、日清戦争に勝利した。清を上回る軍艦の数などはほとんど輸入に頼った。軍艦の購入の費用の一部は生糸の輸出で得た外貨だった。ちなみに、一八九四年における日本の輸出総額が一億一四〇〇万円、そのうち生糸の輸出額は四三〇〇万円だ。生糸は総額の約三割を占めている。一八六八（明治元）年などは輸出総額の約六割を占めていた（参考文献：山本茂実『あゝ野麦峠――ある製糸工女哀史』角川文庫、一九九四年）。

だが、製糸工場で酷使された工女は結核などの病気になり死んでいった人も多いという。資本の原始蓄積はこうした犠牲の上に成り立っているのだ。比較的待遇の良かったとされた富岡製糸場跡の近くの寺にも慣れない集団生活や仕事で病気になり田舎に帰ることなく亡くなった工女の墓があった（菊地）。

他方では、『近代国家の出発』（色川大吉、中公文庫　日本の歴史21、二〇〇六年）によれば、国民（特に農民）の税金による殖産事業で官営の鉄工所や鉱山開発、造船所、またさまざまな製造業が作られ民間に払い下げられた。三井、住友、三菱などの財閥をはじめ、工業国日本が創出されたのである。このような企業に必要な労働者は、疲弊し土地を手放した農民が労働者となって担ったのだ。

明治になって農民への租税は高く、取り立ては厳しく、滞れば土地は没収され、破産に追い込まれ流浪化した。農民暴動があちこちで起きた。一八八五（明治一八）年代に大規模な飢饉が生じ多くの農民が流浪化した。東京、大阪、京都、横浜などの周辺は農村から流れ込んだ逃亡農民のために、都市下層民のさながら餓鬼道地獄が現出された（同421頁）という。

天皇制の問題

幕藩体制の解体と中央集権国家のためには、朝廷が武家政権の上に位置付けられていたので、尊王のスローガンが威力を発揮した。王政復古とは天皇の名のもとに武家と公家の伝統的支配の解体を意味し（岩波新書編集部『日本の近現代史をどう見るか』岩波新書、二〇一〇年、36―38頁）、大久保らによって政治的軍事的に万機を親裁する絶対的君主と、そのもとで少数の維新官僚が天皇の名において専制的に権力を行使する体制の基礎が築かれた（前出『世界史のなかの明治維新』92頁）。

この天皇制を作ることが明治政府の最も大きな政治的仕事だった。これによって日本は専制的天皇国家になり、民衆を圧迫し、最後は軍部が独裁的体制を作り日本の自爆に至るのであった。明治維新から少し時代が下り、伊藤博文は明治憲法を作成する。

『天皇制の基層』（吉本隆明／赤坂憲雄、講談社学術文庫、二〇〇三年）の中で、赤坂憲雄は伊藤博文について言及している（31―32頁）。

時の支配権力の頂点にいた人間である伊藤博文の念頭には、天皇に政治的な権力を全面的にもたせるという、いわば天皇親政とか、あるいは現人神、神としての天皇といった認識はまったくなかったということですね。天皇機関説的な天皇観といってよさそうな、そういう伊藤博文ら支配層の考え方と、彼らの手になる憲法に規定された「大日本帝国ハ万世一系ノ天皇之ヲ統治ス」(第一条)、また「神聖ニシテ侵スヘカラス」(第三条)という、第一条と第三条の憲法条項が民衆にたいしてもった意味とが非常に乖離《かいり》していたわけです。

つまり、憲法をつくってそれを運用している権力者、あるいは、その周辺にいる知識人たちや憲法学者たちが、天皇機関説というような、ある意味では天皇制を相対化する視点をもちつつ、天皇をいかに使えるか、利用できるかという水準で天皇を考えていたのにたいして、民衆はそれとまったく違う受け止め方を強制されていたという側面があったと思うんです。

時の権力者が巧みに天皇制を使い、専制的に国家を運用していたのだ。それは王政復古クーデターがそうであった。一部の公家と薩長雄藩が倒幕のために天皇を担ぎだし倒幕運動の錦の御旗に、民衆はひたすら恐れかしこむのだった。それが明治から第二次大戦まで貫いた方策だったのだ。まさに

『天皇制の基層』で言っているように「乖離」していたのだ。

昭和になると、天皇機関説が潰され天皇主権説がまかり通るようになる。天皇主権説は天皇を主権者とみなし、天皇の完全なる支配下に議会や内閣がある。天皇は国家を超越した存在。

天皇機関説は、天皇は国家の一機関。主権は国家。天皇は最高機関。議会は天皇の諮問機関。天皇は帝国議会の協賛を以て立法権を行う。協賛とは法案の成立に必要な意思表示をするという意味。内閣は天皇を輔弼《ほひつ》する補助機関だ。この考えが明治時代の代表的考えだった。

『天皇制の基層』では伊藤の天皇観は天皇機関説と言っているが、『国体論――菊と星条旗』においては、帝国憲法第一条に天皇が統治するとあるが、第四条では憲法に従い統治権を行うとあるから、一見立憲君主制のようだ。実際は憲法の規定を天皇は超えるとされ、伊藤は勅語で議会を屈服させていると思想史家の白井聡は述べる（白井聡『国体論――菊と星条旗』集英社新書、二〇一八年、105頁）。

こう見ると、伊藤などは天皇機関説を取りながらも、巧みに天皇制を政治権力に利用していたのだろう。

やはり第一条や第三条「天皇は神聖にして侵すべからず」が第四条「天皇は国の元首にして統治権を総攬し此の憲法の条規に依り之を行う」をのみ込んでいったのだろう。

その意味で伊藤は大変な憲法を作ってしまったのだ。フランケンシュタインの怪物みたいな化け物を作ったと言ってよいだろう。それを巧みに利用し、まさに戦争に一丸となる日本という化け物を作ったのは軍部だった。

神聖にして侵すべからずは怖い言葉だ。国民はこのような条文によって、神格化された天皇の下に呪術的に取り込まれ、天皇を利用して政権を担う専制的政権や、昭和に入って軍部によって暴力的に支配されてきたのであった。

天皇は軍部に不満を持っていた。「軍部は統帥権の独立ということをいって、勝手なことをいって困る。（中略）本当のことを自分に言わないで困る」とこぼす（孫崎享『日米開戦の正体――なぜ真珠湾攻撃という道を歩んだのか　上』祥伝社文庫、二〇一九年、118頁）。統帥権独立によって、軍部は天皇の名を借りて議会や内閣から独立して大陸への侵略を独断専行したのだった。

一君万民思想も同様に怖い思想だ。天皇の下にはすべての人が平等だという思想だ。これによって数百年続いた封建的身分制度が明治の時に撤廃された。それほど天皇の持っている神聖性やその権威は侵しがたかったのだろう。それゆえに天皇制は専制的政治家の輔弼《ほひつ》によって全国民を隷属させる政治的力になるのだった。それはこの制度がそういった危険性をはらんでいたからだ（参考文献：市川三郎『思想からみた明治維新――「明治維新」の哲学』講談社学術文庫、二〇〇四年）。

それゆえに、戦後脈々として続いている象徴天皇制については、前で述べたような幕末以来の天皇制のからくりをしっかり理解することが必要だろう。

白井聡は同著書において二〇一六年八月のテレビでの天皇の退位についての「お言葉」に注目する。「お言葉」はルール違反だ。それは政治的発言を否定する象徴天皇制だからだ。でもそこまで言う必要があったと白井は分析する。その「お言葉」をかいつまんで言えば、国民の安寧《あんねい》（安定）と幸せを祈ること。時に人々に寄り添うことも大切。また寄り添うことで地域の人々の思いを知りうることができることで祈る務めができたというのだ。加齢で「動き」ができなくなるから退位したい。「動き」がなければ象徴の意味がないからだ（前出『国体論――菊と星条旗』27頁）。

このような天皇の発言は、日本はアメリカの前線基地（同309頁、313頁）、アメリカの弾よけとして世界戦略の太平洋側の先端にいるので、アメリカを信じていても東アジアが不安定になり、朝鮮半島が有事になれば、日本は狭間にあって難しい対処を迫られる、気を付けないと、日本は崩壊することになりかねないという危惧から生じたのだと白井は考えている。

天皇が行動において、被災地に寄り添い、平和を願う。戦没者の地に行って慰霊する。これによって二度と戦争のないことを願う。天皇はそう望んでおられるのだと白井は考える。このように平和を願うのが日本の霊性なのだろうと白井は言う。これは戦争を回避しない積極的平和主義や九条改悪とも相いれない霊性だろう。

自分はかくあれと実践してきた、どう思うか、と天皇は国民に問うのだ。この言葉と行為は政治的であり、憲法に触れると白井は言う。だが、こうまでして天皇が発言するのはどうしてかと白井は世間に問うのだ。この「お言葉」は歴史の転換の可能性を持つ、そしてその転換は民衆の力を通して民主主義で行うのだ（340頁）、と白井は締めくくる。

同じようなことを新聞も言っていた。日本が世界に進出していく時に、保守政治は天皇を利用してきた。天皇は一九九二年の訪中など侵略戦争への謝罪などをして進出しやすくした。一九九五年の全国戦没者追悼式では平和に触れている。安倍政権で明らかになったように、政治が改憲や軍事化に進もうとする時、天皇が歯止めとして期待されるようになった。それが天皇の政治的発言を助長している。しかし天皇の個人的思い入れによって制度として天皇の政治的行為が拡大されることは問題だ。憲法は政治にかかわらない象徴とした。

戦争に対する責任の明確化は国民の問題だし、今の政権を変えたいなら国民が法的に変えるべきだ（要約）、と朝日新聞朝刊、表題「平成流の象徴天皇」の一見出し「政治的行為の拡大許した」（二〇一九年三月七日）の中で政治学者の渡辺治は言っている。

戦後の憲法では天皇は象徴天皇となったが、前で述べたように幕末以来政権等によって巧みに利用された天皇制のからくりを理解することが必要だろう。気をつけないと、象徴という名において、将来神格化され、権力に利用されうる可能性が絶対にないとは言えない。天皇の代替わりで十連休といったバカ騒ぎも気をつけなくてはならない。天皇制を国民にしっかり定着させようとする意図がはっきりしている。新聞が指摘し、白井聡も言っているように、国民が民主的に政治のかじ取りをしっかりすべきなのだ。

それゆえ、現在必要なのは憲法改正ではなく、イザヤ書2章4節の言葉「剣《つるぎ》を打ち直して鋤《すき》とする」精神なのだ。すなわち、天皇に慰霊の旅や深い反省を任せるのではなくて、政治がアジア諸国への加害責任や深い反省をするために、国民一人一人が政治にきちっと向き合わねばならないのだ（朝日新聞朝刊、二〇一九年五月六日、見出し「加害の歴史に向き合うのは誰」参考）。

あとがき

日本キリスト教団出版局の『信徒の友』担当の土肥研一先生がまりや食堂に取材に来られ、二〇二〇年一二月号に「山谷で思うクリスマス」の表題で私の思いが掲載された。

私はちょうどそのころ次の本を出すためにほぼ原稿ができていた。よい機会なので、教団出版局で出すことは可能かどうか尋ねた。

私としては、『信徒の友』で山谷からのメッセージを発信したから、今度は教団出版局から日本の教会に向けて、山谷の状況について考えていた思いを発信することは大きな意義があると考えた。

多分土肥先生が山谷を訪れることがなかったら出版局から発行することはなかっただろう。ここに神のはからいを覚え、心から感謝している。

『信徒の友』の山谷での取材について私を紹介してくださった東京教区東支区の林牧人先生、土肥先生の仲介、秦一紀さんの丁寧な校正等皆様方に大変お世話になりました。深く感謝申し上げます。

今回の本には挿絵を入れて内容に膨らみを持たせた。挿絵はまりや食堂のボランティアとボランティアの知り合いによるオリジナル作品がほとんどだが、いくつかはネットや本を参考にした。章扉の書はボランティアの高津寿江さんに書いていただいた。

この度はさまざまな人手の繋がりを通してこの本が制作されたことを感謝する。

菊地　讓

菊地《きくち》　譲《ゆずる》

1941年宮城県生まれ。1963年東北学院大学経済学部卒業。1973年青山学院大学大学院文学研究科聖書神学専攻修士課程修了。1979年日雇いになり、山谷伝道開始。1985年日本基督教団山谷兄弟の家伝道所設立。1987年山谷に「まりや食堂」を開設。現在、山谷兄弟の家伝道所牧師。

著書

『この器では受け切れなくて――山谷兄弟の家伝道所物語』（新教出版社、2013年）
『続 この器では受け切れなくて――山谷兄弟の家伝道所物語』（ヨベル、2018年）
『低きに立つ神』（共著、コイノニア社、2009年）
『まりや食堂の「甲斐」――山谷に生きて』（共著、燦葉出版社、2019年）ほか。

剣を打ち直して鋤とする　すべての命に然り

2021年7月21日　初版発行

著者　菊　地　譲
発行　日本キリスト教団出版局
〒169-0051　東京都新宿区西早稲田2-3-18
電話・営業 03(3204)0422、編集 03(3204)0424
https://bp-uccj.jp

印刷・製本　モリモト印刷

ISBN 978-4-8184-1082-4 C0016　日キ販
Printed in Japan